師による7日間英語力養成プログラム

石秀樹のリーディング&リスニング

NAN'UN-DO

このシリーズについて

2020年を境にして大学入試英語は大きく変わると言われています。具体的に、何がどうかわるのかという部分では、実際に、現行の大学入試センター試験の代替テストが実施されないと分からない部分もありますが、ここ数年の大学入試の変化で、すでにはっきりしていることもいくつかあります。

その中でも最も大きな変化は、英語の試験が、「4技能測定テスト」に向けて変わっていくということと、「文法そのものを問う問題がなくなりつつある」ということと言えるでしょう。最初の「4技能測定テスト」というのは、これまでは、R（リーディング）中心（一部、L（リスニング）やW（ライティング）有り）だった英語の試験が、リスニング（L）/ リーディング（R）/ スピーキング（S）/ ライティング（W）の4つの柱を持ち、それぞれの力を均等に測定するテストになるということです。

また、「文法そのものを問う問題がなくなりつつある」というのは、例えば、皆さんがこれまで学習してきた英文法単元に「関係代名詞」という単元がありますが、関係代名詞のwhichとthatのどちらかを選ばせるように、文法を直接的に問う問題がなくなりつつあるということです。これまでの大学入試問題の中には、あまりにも細かな文法事項を問う問題であることから、答えが1つに絞り込めないような悪問やパズルのような書き換え問題が出題されることもありました。文法は、あくまで、先ほどの4つの技能を高めるために必要なものと割り切って、「理解」と「暗記」をして、運用能力を高めていくことが、これからの入試を控えた皆さんのかしこい勉強の方法だと言うことができるのです。

本書では、今後の大学入試の事情を把握した上で、以下のようなことを意識して作成しました。

- 各項にリーディングのリスニングを用いて、そのどちらにも音源をつけ、多角的に学習が可能。
- リーディングの文章は、TOEFLやTEAPのような外部入試に合わせて、下線部和訳問題や指示語説明問題のような日本語を介する設問は全て排除。
- 各項目のリーディングとリスニングのテーマに関連性を持たせると共に、時事的な内容を扱うことによってライティングやスピーキングにも使える表現やアイデアが満載。

本書は、大学生向け教材をこれまで100冊以上執筆し、その多くが実際の大学入試にも採用されているという輝かしい実績を持つジム・クヌーセン氏に英文執筆をご担当いただきました。また、解答・解説は、予備校で数多くの受験生を実際に指導し、入試の動向にも精通している講師陣が担当し、高いレベル（英検準1級を目標とするレベル）で英語を習得したいという高校生の熱い要望に応える形で書き上げました。

＊本書の表紙に掲載されている、“4 Skills for Japan” のロゴマークは、日本中のより多くの人々が、英語をコミュニケーションの道具として活用・運用できるようになることを願い設立された、一般財団法人 実用英語推進機構の公式ロゴマークです。

はじめに

まず本書は，Reading・Listeningのみならず，４技能型試験（Reading・Listening・Speaking・Writing）に対応できるように構成された「新タイプの問題集」であることを伝えておきたい。従来の問題集では，Readingを解いた後,「Readingと全く同じ文章」の音声を活用してListening力を鍛えていく。この学習法は「耳作り」という学習の初期段階には非常に有効だが,長文の内容を完全に把握してしまうため,「聞きながら情報を整理する」という次のステップへ結びつけるのが難しいという課題が残る。一方で，Listening専用教材では，初めての内容を聴き取るのはハードルが高く，苦戦する者も少なくないのが現実である。

そこで本書は，それらの弱点を克服し「同じトピックを別な角度から捕らえた２つの文章」を用いてReading力・Listening力を同時に伸ばすよう構成されている。つまり,Readingでトピックを押さえ，同トピックのListeningで適度に負荷をかけながら情報を整理する力を養うのである。

冒頭でも述べたように，本書は４技能型試験に対応できるように構成されている。この後，どのように本書を活用すれば４技能型試験に対応できるようになるのかを説明したいと思う。ただ，その前に，１つだけ確認しておきたい。あなたは何のために本書を手にしたのだろうか？もしその答えが,「目先のテスト対策」であるなら，残念だが本書を棚に戻して欲しい。しかし，もしその答えが,「英語の４技能を身につける学習法を知り，未来の学習へつなげるため」であるなら，まさにその手伝いができる内容だと約束する。本書を正しく活用し，未来へつながる英語力の礎を手に入れて欲しいと願っている。

大岩　秀樹

本書の使い方

《Reading の時間》

1: 時間を計って Reading を解く。

2: Reading は「本文の流れ」を押さえないと解けない問題で構成されているため，解答をよく読み，流れを意識する習慣をつける。

3: CD を使いながら Reading パートの音読を実践し，Reading の内容が英語のままでわかるまで反復音読をする。（耳作り）

《Listening の時間》

1: CD を聞きながら T/F 問題を解く。

2: CD を聞きながら「いつ・どこで・なぜ・誰が・何を・どうした」が明確にわかる部分をメモするトレーニングをする。（情報整理）

3: 聴きとれない部分が多い場合は，ディクテーション・ページを活用し，耳を鍛えた後，２へ再チャレンジ。

《Speaking の時間》

1: CD を聞きながら Listening の内容を繰り返し暗記暗唱する。

2: Listening の素材は長さ・展開・内容共に Speaking の訓練に適しているため，音の抑揚や，内容を意識し，自分がスピーチをしているようなレベルに達するまで仕上げる。

《Writing の時間》

1: 音読しながら，英文を何度か筆写［１文レベルで見ながら書き写す］する。慣れないうちは，１文を数回ずつ書いて進めていく。

2: 和訳を参照しながら，英文を書いてみる。最初は１文１文の英作でもいいが，次第に「文全体の流れ＝話の展開の仕方」を意識する。最終的に，使う文字や表現などは変わってもいいので，同じ内容・同じ流れの文章が書けるようになることを目標とする。（文章の展開方法を習得）

Contents

DAY 1

DAY 2

DAY 3

DAY 4

DAY 5

DAY 6

DAY 7

Read the following passage and answer the questions. 2

（以下の文章を読んで以下の問いに答えなさい）

Climate change and biodiversity are probably the most important concepts in everyday ecology. And they are bound up closely together. According to the U.N.'s Global Diversity Outlook, "Ecosystems are already showing negative impacts under current levels of climate change, which is modest compared to future projected changes. In addition to warming temperatures, more frequent extreme weather events and changing patterns of rainfall and drought can be expected to have significant impacts on biodiversity." Global warming, by impairing species' ability to adapt, speeds up their extinction.

But a new study shows that it works the other way, too. The journal *Science* reports that biodiversity and preserving plant variety will be "crucial to buffer the negative effects of ongoing global warming." This is particularly true in dryland ecosystems, which account for over 40 percent of the earth's land surface and support 40 percent of its people. But these arid areas are also especially vulnerable to global warming. As the *Science* report explains it, "Land degradation is accompanied by the loss of soil fertility, so plant species' diversity can promote an ecosystem's resistance to desertification." In other words, the more diverse an area's plantlife, the stronger its soil. And the better its chances of not being baked by rising global temperatures into a desert wasteland.

New research also shows that the earth's "biodiversity hotspots" are its most linguistically diverse areas as well. The online journal *Science Daily* reports that these regions are home to over half the world's 7,000 or so languages. Because they are indigenous to particular areas and relatively few people speak them, these languages are highly susceptible to extinction. "In many cases, it appears that conditions that wipe out species also wipe out languages," says *Science Daily*. Losing these languages, and the cultures that go with them, can lead to the loss of valuable native information about the environment. The researchers have not yet figured out why areas of high endangered-species concentration and areas of high endangered-language concentration coexist. But they speculate that indigenous cultures, supported by their languages, create the conditions needed to maintain species and to keep the ecosystem functioning smoothly. They also predict that as this cultural and linguistic diversity disappears, biodiversity loss can be expected to carry on at "alarming rates."

（注）land degradation：土壌劣化

Choose the best answer to complete each sentence below.

(1) The U.N. Global Diversity Outlook report projects that [ ].
  (A) global warming will cause more frequent extreme weather patterns in the future
  (B) biodiversity isn't as important a concept in ecology as previously thought
  (C) current levels of climate change will continue far into the future
  (D) biodiversity causes extinctions to speed up

(2) It is implied that dryland areas are especially vulnerable to climate change because [ ].
  (A) of their already arid conditions
  (B) they account for so much of the earth's land area
  (C) their soil is already seriously contaminated
  (D) they destroy the biodiversity that is essential to Earth's survival

(3) *Science Daily* says that languages in "hotspots" die out so readily [ ].
  (A) because they have no concept of biodiversity
  (B) due to negative cultural conditions
  (C) because of the loss of the useful information about the environment they contain
  (D) due to their geographically isolated position and small numbers of speakers

(4) Which statement is true according to the passage?
  (A) Loss of native languages is not nearly as ecologically important as loss of native plant species.
  (B) Indigenous cultures have developed effective ways to support and maintain their ecosystems.
  (C) Researchers aren't particularly concerned about further biodiversity loss.
  (D) Cultural and linguistic diversity can lead to loss of biodiversity.

(5) What is the best title for the passage?
  (A) The Importance of Biodiversity
  (B) The Adverse Effects of Climate Change
  (C) The Relationship between Climate Change and Biodiversity
  (D) The Causes of Language Extinction

解答欄

1.	2.	3.	4.	5.

Listen to the short talk and read the sentences below.
Circle T if the sentence is true, F if it is false.

CD 3

(1) A medical emergency may call for blood stored in a blood bank.
(2) The MSBP is a project that involves the cooperation of 50 countries.
(3) The seeds have to be stored at a high temperature to make sure they survive.
(4) So far, the MSBP has stored only 25 percent of the world's wild seeds.
(5) Biodiversity hotspot seeds are especially important.

解答欄

(1) T F　(2) T F　(3) T F　(4) T F　(5) T F

memo

Dictation Exercise

音声を聞いて、次の空欄に当てはまる語（句）を書き取りなさい。 CD 3

① A bank, of course, is a place where we can, we hope, keep our money safely. ② A blood bank is a place where ______________________________ ______________. ③ And a seed bank, as its name tells you, is a place where seeds are stored and kept safe. ④ The Millennium Seed Bank Partnership, or MSBP, is ______________________________. ⑤ It is run or coordinated by the Royal Botanic Gardens in Kew, a suburb south of London. ⑥ The MSBP's purpose is to save plants for the future ______________________________ ______________ that are buried underground in Kew. ⑦ At present, the MSBP houses over a billion seeds, ______________________________ ______________. ⑧ The MSBP plans to increase that percentage to 25 percent by the year 2020. ⑨ ______________________________ ______________ that are in the most danger of extinction caused by climate change.

Script

リスニング問題の完全スクリプトです。何度もシャドーイングして、身につけよう！

① A bank, of course, is a place where we can, we hope, keep our money safely. ② A blood bank is a place where blood is kept so that it can be used in medical emergencies. ③ And a seed bank, as its name tells you, is a place where seeds are stored and kept safe. ④ The Millennium Seed Bank Partnership, or MSBP, is a cooperative project involving 50 countries. ⑤ It is run or coordinated by the Royal Botanic Gardens in Kew, a suburb south of London. ⑥ The MSBP's purpose is to save plants for the future by storing their seeds in large, frozen vaults or containers that are buried underground in Kew. ⑦ At present, the MSBP houses over a billion seeds, accounting for 10 percent of the world's wild plant species. ⑧ The MSBP plans to increase that percentage to 25 percent by the year 2020. ⑨ The project is especially concerned about plants from biodiversity hotspots that are in the most danger of extinction caused by climate change.

［Reading / 解答と解説］

1. (A)　2. (A)　3. (D)　4. (B)　5. (C)

(1) 国連の報告は，第１段落３文目でされている。後半部分「上昇する気温に加えて，極端な天候事象がより頻繁に起こり」より，地球の温暖化が，頻繁かつ極端な天候事象を引き起こすことが読み取れる。よって，(A) が正解となる。(C) と迷うが，(C) は国連の報告前半「将来予測される気候変動と比較すると大きくない現在の気候変動のもとで」より，将来の気候変動は現在より大きいと予測されていることがわかるため，不可。

(2) 第２段落４文目に「しかし，このような乾燥した地域は特に地球温暖化の影響を受けやすくもある」とあり，その根拠を直後で「土地の肥沃度が失われることで土壌劣化が同時に起こる」としている。つまり，「乾燥した土地はすでにその肥沃土が失われているため」に気候の変化に弱いことが読み取れるため，同じ内容の (A) が正解となる。

(3)「ホットスポット」に関しては第３段落で述べられている。３文目「これらの言語は特定の地域の固有のもので，比較的少数の人々がその言語を話すので，絶滅の影響を大変受けやすい」より，絶滅の原因は「特定地域でのみ使用＝話者が少数」であることが読み取れる。よって，同じ内容の (D) が正解となる。

(4) 第３段落７文目「だが研究者たちは，その言語に支えられた固有の文化が，種を維持し，生態系を問題なく機能させておくために必要とされる状態を作ると推測している」より，現地の文化により生態系が保たれていることが読み取れる。よって，その内容の (B) が正解となる。(A) は，どちらが重要かは本文では扱われていないので不可。(D) は，文化的で言語的な多様性と生物多様性の損失との因果関係は本文では扱われていないので不可。

(5) タイトルは全体的に触れているものを一言で表したものを選ぶ。第１段落１文目「気候変動と生物多様性は日常の生態学においてもっとも重要な概念である」より，本文は生態学において重要な「気候変動と生物多様性」をテーマにした文であることがわかり，以降ではその２つを関連づけながら話を展開している。よって，(C) が正解となる。全体の一部のみを取り上げた (A) や (D)，他の話題にも発展が可能なほど全体の内容よりも大きすぎる (B) は，タイトルとしては不適である。

［Reading / 日本語訳］

[1] 気候変動と生物多様性は日常の生態学においてもっとも重要な概念である。またその二つは互いに密接に結びついている。国連の「地球規模の生物多様性に関する展望」によれば，「生態系は，将来予測される気候変動と比較すると大きくない現在の気候変動のもとで，すでに悪影響を示している。上昇する気温に加えて，極端な天候事象がより頻繁に起こり，降雨と干ばつが変わったパターンで起こることが生物多様性に著しい影響を及ぼすと予想される」という。地球温暖化は，種が適応する能力を損なうことで，種の絶滅を加速させる。

[2] だが，新しい研究によって温暖化が別な形で作用することも分かっている。雑誌『Science（サイエンス）』では、生物多様性と植物の多様性を維持することは「進行中の地球温暖化を和らげるのに重要に」なるだろうと報告されている。これは，地球の表面の40パーセント以上を占め，地球に住む40パーセントの人々を支える乾燥した土地での生態系では特にあてはまっている。しかし，このような乾燥した地域は特に地球温暖化の影響を受けやすくもある。『サイエンス』の研究が説明しているが，「土地の肥沃度が失われることで土壌劣化が同時に起こるため，植物の多様性によって，砂漠化に対する生態系の耐性を促進することができる」という。言い換えると，地域の植物がより多様であれば，土壌はより強くなるのだ。また，地球の気温上昇により乾燥し，砂漠のような荒れた土地にならずに済む可能性も高くなる。

[3] 新しい研究によると，「生物多様性のホットスポット」は言語学的にも多様性のある地域だということが分かっている。オンライン上の雑誌『Science Daily（サイエンスデイリー）』では，このような地域は世界の言語の半数以上である7000語程度の言語の発祥地であると報告している。これらの言語は特定の地域の固有のもので，比較的少数の人々がその言語を話すので，絶滅の影響を大変受けやすい。『サイエンスデイリー』には「多くの場合，種を全滅させる状況は言語も全滅させるようだ」と書かれている。これらの言語を失い，それらと共にある文化を失うことは，その環境に関する貴重なその土地の情報を失うことにつながる可能性がある。研究者たちは，絶滅危惧種が多く集中する地域と絶滅の危機に瀕した言語が多く集中する地域がなぜ共存するのか，まだわかっていない。だが研究者たちは，その言語に支えられた固有の文化が，種を維持し，生態系を問題なく機能させておくために必要とされる状態を作ると推測している。研究者たちは，この文化的で言語的な多様性が消えるにつれ，生物多様性の損失も「ただならぬ割合で」続く可能性があるとも予測する。

［Reading 選択肢 / 日本語訳］

（1） 国連の地球規模の生物多様性に関する展望は ＿＿＿＿ という研究課題を報告している。

(A) 地球温暖化により，将来，極端な天候事象がより頻繁に起こるであろう
(B) 生物多様性は以前思われていたほど生態系の重要な概念ではない
(C) 現在の気候変動レベルがずっと先まで続くであろう
(D) 生物多様性は（動植物の）絶滅を加速させる

（2） ＿＿＿＿ ため，乾燥した土地は気候の変化に特に弱いということが示唆されている。

(A) それらはすでに乾燥した状態である
(B) それらは地球の土地の大部分を占めている
(C) それらの土壌はすでにひどく汚染されている
(D) それらは地球の残存に不可欠である生物多様性を破壊する

（3） ＿＿＿＿，「ホットスポット」の多くの言語は非常にあっさりと絶滅すると，「サイエンスデイリー」には書かれている。

(A) それらには生物多様性という概念がないので
(B) 悲観的な文化的状況のために
(C) それらが持つ環境に関する有用な情報を失うことが原因で
(D) 地理的に孤立しており，話者の数が少ないため

（4） 文章によると，どの陳述が正しいか。

(A) 母語の喪失は，決して原産種の損失ほど生態学的に重要ではない。
(B) 現地の文化は，自分たちの生態系を支え，維持する効果的方法を発展させてきた。
(C) 研究者らは未来の多様性の喪失について特に懸念してはいない。
(D) 文化的で言語的な多様性が生物多様性の損失を導く可能性がある。

（5） 文章に最も適するタイトルは何か。

(A) 生物多様性の重要性
(B) 気候変動の悪影響
(C) 気候変動と生物多様性の関係
(D) 言語消滅の原因

［Listening / 解答と解説］

(1) T　(2) T　(3) F　(4) F　(5) T

(1) ②「血液銀行は血液を保存し，救急医療の際に使えるようにしてある場所だ」より，緊急医療の際は血液銀行に貯蓄された血液を必要とする場合もあることがわかる。よって，T となる。

(2) ④「MSBP は 50 か国協同のプロジェクトだ」より，T となる。

(3) ⑥「大型の冷凍保管室や容器に種を貯蔵することで，植物を未来のために蓄えておくことにある」より，種は低温で貯蔵される必要があることがわかる。よって，F となる。

(4) ⑦「現在, MSBP は 10 億個を超える種を所蔵しており, それは世界の野生植物種（しゅ）の 10%を占める」より，世界の野生植物のほんの 10%程度の種しか保存できていないことがわかる。よって，F となる。

(5) ⑨「このプロジェクトは ..... 生物多様性のホットスポットにある植物について特に懸念している」より，ホットスポットの種について特に気にかけている，すなわち，特別な存在であることがわかる。よって，T となる。

［Listening / 日本語訳］

① 銀行は，言うまでもなく，安全にお金をしまっておけると私たちが思っていて，実際そうできる場所だ。② 血液銀行は血液を保存し，救急医療の際に使えるようにしてある場所だ。③ 種（たね）の銀行は，名前からわかる通り，種を安全に貯蔵し保存する場所だ。④ ミレニアム・シードバンク・パートナーシップ（MSBP）は 50 か国協同のプロジェクトだ。⑤ 南ロンドン郊外のキューガーデン（王立植物園）が運営と調整にあたっている。⑥ MSBP の目的は，キューの地下に埋められた大型の冷凍保管室や容器に種を貯蔵することで，植物を未来のために蓄えておくことにある。⑦ 現在，MSBP は 10 億個を超える種を所蔵しており，それは世界の野生植物種（しゅ）の 10%を占める。⑧ MSBP はこの割合を 2020 年までに 25 パーセントまで増加させることを計画している。⑨ このプロジェクトは，気候変動によって絶滅の危険性が最も高くなっている生物多様性のホットスポットにある植物について特に懸念している。

(1) 緊急医療は血液銀行に貯蔵された血液を必要とするかもしれない。
(2) MSBP とは 50 か国の協力を伴うプロジェクトである。
(3) 確実に残存させるために，種（たね）は高い温度で保存されなければならない。
(4) 今までのところ，MSBP は世界の野生植物の種のほんの 25%しか保存していない。
(5) 生物多様性のホットスポットの種は特に重要である。

語彙リスト ------- Reading

[1]

- □ biodiversity （名）生物多様性
- □ concept （名）概念
- □ be bound up together （熟）相互に結びつく
- □ according to ～ （熟）～によれば
- □ outlook （名）見通し
- □ ecosystem （名）生態系
- □ negative impacts （熟）悪影響
- □ current （形）現在の
- □ modest （形）（数量が）あまり大きくない
- □ compared to ～ （熟）～と比較すると
- □ project （動）予測する
- □ in addition to ～ （熟）～に加えて
- □ frequent （形）頻繁な
- □ extreme （形）極端な
- □ rainfall （名）降雨
- □ drought （名）干ばつ
- □ expect （動）予測する
- □ significant （形）著しい
- □ global warming （熟）地球温暖化
- □ impair （動）損なう
- □ adapt （動）適応する
- □ extinction （名）絶滅

[2]

- □ journal （名）雑誌
- □ preserve （動）保つ
- □ plant variety （熟）植物の多様性
- □ crucial （形）重要な
- □ buffer （動）（苦痛・衝撃などを）和らげる
- □ ongoing （形）進行中の
- □ particularly （副）特に
- □ account for ～ （熟）～を占める
- □ the earth's land surface （熟）地球の表面
- □ arid （形）乾燥した、荒れた
- □ especially （副）特に
- □ vulnerable to ～ （熟）～に被害を受けやすい
- □ degradation （名）劣化、悪化
- □ accompany （動）同時に起こる
- □ fertility （名）肥沃度
- □ promote （動）促進する
- □ resistance （名）抵抗力
- □ desertification （名）砂漠化
- □ in other words （熟）言い換えると
- □ diverse （形）多様な
- □ plantlife （名）植物
- □ soil （名）土壌
- □ bake （動）焼く、乾かす
- □ global temperatures （熟）地球の気温
- □ wasteland （名）荒れ地

[3]

- □ biodiversity hotspots （熟）生物多様性のホットスポット（集まる場所）
- □ linguistically （副）言語学的に
- □ ～ as well （熟）～も
- □ region （名）地域
- □ home to ～ （熟）～の本拠地

- □ indigenous （形）固有の
- □ particular （形）特定の
- □ relatively （副）比較的
- □ susceptible to ～ （熟）～の影響を受けやすい
- □ in many cases （熟）多くの場合
- □ it appears that S V （熟）S は V するらしい
- □ wipe out （熟）絶滅させる
- □ lead to ～ （熟）～につながる
- □ valuable （形）貴重な
- □ figure out （熟）理解する
- □ endangered-species （熟）絶滅危惧種
- □ endangered-language （熟）絶滅の危機に瀕した言語
- □ concentration （名）集中
- □ coexist （動）共存する
- □ speculate （動）推測する
- □ create （動）創造する
- □ maintain （動）維持する
- □ keep O C （熟）O を C（の状態）に保つ
- □ smoothly （副）問題なく
- □ predict （動）予測する
- □ cultural （形）文化的な
- □ linguistic （形）言語的な
- □ disappear （動）消える
- □ loss （名）損失
- □ expect （動）予期する
- □ carry on （動）続く
- □ at alarming rates （熟）驚くべき割合で

語彙リスト ------- Listening

- □ blood bank （熟）血液銀行
- □ so that S can V原 （熟）S が V するように
- □ in medical emergencies （熟）緊急医療で
- □ seed bank （熟）種の銀行
- □ store （動）貯蔵する
- □ cooperative （形）協同の
- □ involve （動）巻き込む
- □ run （動）運営する
- □ coordinate （動）調整する
- □ suburb （名）郊外
- □ purpose （名）目的
- □ vault （名）（地下の）貴重品保管室
- □ container （名）容器
- □ bury （動）埋める
- □ underground （副）地下に
- □ at present （熟）現在は
- □ house （動）所蔵する
- □ be concerned about ～ （熟）～を気にかける
- □ be in danger of ～ （熟）～の危険がある

Read the following passage and choose the best word or phrase from among the four choices to fill each gap. CD 4

The world's oceans, which cover some 70 percent of the earth's surface, are, by all accounts, in (1). Global warming, pollution, trash disposal, loss of biodiversity, habitat destruction—all the problems that plague the land afflict the "Seven Seas" as well. David Miliband, the former British foreign secretary, calls the situation the "ecological equivalent of the financial crisis." The world's oceans, he says, are being mismanaged so ineptly that we have reached a "tipping point." As he told the Global Ocean Commission, "We are living as if there are three or four planets instead of one, and you can't get away with that."

In addition to all their "normal" ecological woes, the oceans have some problems that probably would never occur to us, like (2), for example. As William J. Broad of the *New York Times* explains, "Today—to the dismay of whale lovers and friends of marine mammals—the ocean depths have become a noisy place." The causes, says Broad, are human: "the sonar blasts of military exercises, the booms from air guns used in oil and gas exploration, and the whine from fleets of commercial ships." All of these noises are especially dangerous to whales, which count on their acute sense of hearing for navigation, hunting, and communication.

And if that isn't bad enough, more and more fish are "on drugs," so to speak. An ever-increasing volume of pharmaceuticals like painkillers, heart medications, anti-anxiety drugs, and anti-depressants has leaked into waterways around the globe. A Swedish study, reported in the *Washington Post*, has concluded that the concentrations of these chemicals may now be (3) enough to affect fish behavior. A fish exposed to these drugs, says the study, could become "antisocial, wandering away from the safety of its group and devouring food more quickly than its peers"—behaviors that could have profound ecological consequences.

And speaking of fish, a Spanish study says that a common fishing technique "much like farmers' plows" called bottom trawling is changing the shape of seafloors around the world. This smoothing out of ocean bottoms and the stirring up of sediment that the method causes (4) affect the species that live there, potentially reducing diversity.

Sorry: (5) bad news! But perhaps we can take heart from the very fact that the oceans' problems are now making headlines, that more serious scientific attention is being paid to them. And that if immediate steps are taken to do something about them, it may not be too late.

（注）ecological equivalent of the financial crisis：財政危機に相当する生態学的な危機
tipping point：転換点　woes：（複数形で）悩みの種　sonar blasts：水中探知機の爆発
anti-anxiety drugs：抗不安薬　anti-depressants：抗うつ病薬　farmers' plows：農家のすき
bottom trawling：底引き網漁

Choose the best answer to complete each sentence below.

(1) (A) sound condition (B) serious trouble
(C) a chaotic state (D) recovery mode

(2) (A) water pollution (B) air pollution
(C) soil pollution (D) noise pollution

(3) (A) high (B) low
(C) steady (D) unsteady

(4) (A) positively (B) negatively
(C) fatally (D) barely

(5) (A) not entirely (B) another
(C) anything but (D) nothing but

解答欄

1.	2.	3.	4.	5.

Listen to the short talk and read the sentences below.
Circle T if the sentence is true, F if it is false.

CD 5

(1) Aquarium species are usually not tough enough to survive a trip down the toilet.

(2) "Invasive species" are not native to local areas.

(3) Seaweed and algae that end up in the oceans usually don't cause much harm.

(4) Sue Williams works for the California fish and wildlife department.

(5) By "for the greater good," Professor Williams means "to protect the world's oceans."

解答欄

(1) T F　(2) T F　(3) T F　(4) T F　(5) T F

memo

Dictation Exercise

音声を聞いて、次の空欄に当てはまる語（句）を書き取りなさい。

CD 5

① If you are an aquarium-fish owner and want to help save the world's oceans, there is one small thing you can do that could make a big difference. ② People who have fish tanks in their homes or offices literally flush millions of tropical fish and snails down the toilet every year. ③ These aquarium species are ______________________________ a trip down the drain. ④ They eventually end up in local coastal wars, where, as so-called invasive species, they can do major ecological damage _________________________. ⑤ One fish that is especially harmful is the lionfish, a large poisonous predator that devours smaller fish. ⑥ Some types of ___________________________________ and can cost millions of dollars to get rid of once they are dumped. ⑦ So, what do you do with an aquarium fish you no longer want? ⑧ Professor Sue Williams, ______ ____________________________________, advises pet owners to try to return it to the pet shop that sold the fish. ⑨ If that doesn't work, try to sell or trade it on eBay. ⑩ You could also call the local department of fish and wildlife. ⑪ Or, if all else fails, the pet owner can, Williams says, euthanize (that is, kill) the fish "________________."

Script

リスニング問題の完全スクリプトです。何度もシャドーイングして、身につけよう！

① If you are an aquarium-fish owner and want to help save the world's oceans, there is one small thing you can do that could make a big difference. ② People who have fish tanks in their homes or offices literally flush millions of tropical fish and snails down the toilet every year. ③ These aquarium species are so tough that they can easily survive a trip down the drain. ④ They eventually end up in local coastal waters, where, as so-called invasive species, they can do major ecological damage by crowding out native fishes. ⑤ One fish that is especially harmful is the lionfish, a large poisonous predator that devours smaller fish. ⑥ Some types of seaweed and algae are also very harmful and can cost millions of dollars to get rid of once they are dumped. ⑦ So, what do you do with an aquarium fish you no longer want? ⑧ Professor Sue Williams, a marine biologist at the University of California, advises pet owners to try to return it to the pet shop that sold the fish. ⑨ If that doesn't work, try to sell or trade it on eBay. ⑩ You could also call the local department of fish and wildlife. ⑪ Or, if all else fails, the pet owner can, Williams says, euthanize (that is, kill) the fish "for the greater good."

［Reading / 解答と解説］

1. (B)　2. (D)　3. (A)　4. (B)　5. (D)

(1)「世界の海洋は，地球の表面の70％ほどを覆っているが，誰に聞いても（　1　）にある」が文意。ヒントとなる直後の文「地球温暖化，汚染，ごみ処理，生物多様性が失われること，動植物の生息地の破壊，こういった陸地を悩ます全ての問題が同じように「七つの海」を悩ます」から，陸地で見られる山積みされた深刻な問題が，海にも影響していることが読み取れる。よって，海も深刻な状態であることがわかるため，(B) が正解となる。

(2)「こうした全ての「通常の」生態学上の悩みの種に加え，海洋は私たちがおそらく思いつくことがないような，例えば（　2　）といった問題もいくつか抱えている」が文意。ヒントとなる直後の文以降では「海中の音」に関する内容が展開されており，最終文では，その「音」が，移動，狩り，仲間との意思の伝達を鋭い聴覚に頼っている鯨には特にマイナスの影響があるとしている。よって，音に関連する (D) が正解となる。

(3)「こういった化学薬品の濃度は魚の行動に影響を及ぼすのに充分（　3　）と結論付けられている」が文意。ヒントとなる直後の文「こういう薬品にさらされた魚は『反社会的で，群れの安全性からそれ，仲間より早く食べ物をむさぼる』ようになる可能性がある ― つまり，深刻な生態学的な結果をもたらしうる行動なのだ」より，化学薬品は魚の行動に影響を及ぼすだけの濃度であることが読み取れる。よって，濃度が高いと判断できるため，(A) が正解となる。

(4)「海底を平らにし，この方法によって生じる沈殿物をかき混ぜることが，そこに住む種に（　4　）影響を与え，潜在的に生物多様性を減少させている」が文意。本文は「人間の行動が引き起こす，海へのマイナス面」を述べた文であることに注目する。同段落は，「魚」を例にして，海底を平らにするという人間の行動が，そこに住む種へマイナスの影響があることを述べていることがわかる。よって，(B) が正解となる。

(5)「残念なことに，悪い知らせ（　5　）！」が文意。「最終段落＝まとめの段落」なので，第1段落～第4段落まで，海に関する深刻な状態ばかりが述べられていたことに注目する。つまり，いい知らせは1つもなく，悪い知らせばかりが述べられていたことがわかる。よって，「悪い知らせだけ」となる (D) が正解となる。

［Reading / 日本語訳］

[1] 世界の海洋は，地球の表面の70%ほどを覆っているが，誰に聞いても深刻な状態にある。地球温暖化，汚染，ごみ処理，生物多様性が失われること，動植物の生息地の破壊，こういった陸地を悩ます全ての問題が同じように「七つの海」を悩ます。イギリスの前外務大臣である David Miliband はそういった状況を「財政危機に相当する生態学的な危機」と呼ぶ。海洋は不適切で間違った運用をされているため，我々は「転換点」に到達してしまっていると彼は言う。彼が世界海洋委員会で言うには，「１つではなく，３つか４つの惑星があるかのように我々は暮らしており，人々はただでは済まされない」とのことである。

[2] こうした全ての「通常の」生態学上の悩みの種に加え，海洋は私たちがおそらく思いつくことがないような，例えば騒音公害といった問題もいくつか抱えている。「今日 ― 鯨の愛好家や海洋哺乳類の仲間たちが失望したことに ― 海洋の最深部は騒音の多い場所になってきている」と New York Times 紙の William J. Broad は説明する。Broad によれば，その原因は人間であり，「軍事演習の水中探知機の爆発，石油やガス探索で使われる空気銃のとどろき，商船の船団から聞こえる低い音である。」と言う。こういった音は全て，鯨には特に危険である。鯨は（海中の）移動，狩り，そして（仲間との）意思伝達を鋭い聴覚に頼っているのだから。

[3] 上記の騒音公害がそんなに悪いことでないというのなら，ますます多くの魚がいわば「薬づけ」状態である。急速に増え続ける痛み止め，心臓の薬，抗不安薬，抗うつ薬のような薬剤が，世界中で水路に漏出している。Washington Post 紙で報告されたスウェーデンの研究では，こういった化学薬品の濃度は魚の行動に影響を及ぼすのに充分高いと結論付けられている。研究によれば，こういう薬品にさらされた魚は「反社会的で，群れの安全性からそれ，仲間より早く食べ物をむさぼる」ようになる可能性がある ― つまり，深刻な生態学的な結果をもたらしうる行動なのだ。

[4] そして魚と言えば，スペインの研究によると，底引き網漁と呼ばれる「ほとんど農家のすきのような」ものを使う一般的な漁業技術が世界中の海底の形状を変えつつあるのだ。海底を平らにし，この方法によって生じる沈殿物をかき混ぜることが，そこに住む種に悪い影響を与え，潜在的に生物多様性を減少させている。

[5] 残念なことに，悪い知らせだけだ！　だが，おそらく我々は，海洋の問題が現在メディアで大きく取り上げられ，今まで以上に真剣みを増した科学的な注意がこのことに注がれるというまさにその事実に元気づけられる。また，こういった問題に対して何らかの緊急措置をとれば，遅すぎるということはないかもしれない。

［Reading 選択肢 / 日本語訳］

（1） (B)

(A) 健全な状態　(B) 深刻な状態

(C) 混沌とした状態　(D) 回復方法

（2） (D)

(A) 水質汚染　(B) 大気汚染

(C) 土壌汚染　(D) 騒音公害

（3） (A)

(A) 高い　(B) 低い

(C) 安定した　(D) 不安定な

（4） (B)

(A) プラスに　(B) マイナスに

(C) 致命的に　(D) かろうじて

（5） (D)

(A　～とは言い切れない　(B) もう１つの

(C) 決して～ではない　(D) ～だけ

[Listening / 解答と解説]

(1) F　(2) T　(3) F　(4) F　(5) T

(1) ③「これら水槽種はとても強いので，簡単に放水路まで生きたまま旅する」より，水槽種は強いことが分かる。また，本文は「トイレ」ではなく「放水路」としている。よって，Fとなる。

(2) ④「いわゆる外来種として，元々その土地に生息していた魚を追いやることで」より，外来種とは元々その土地に生息していた魚ではないことがわかる。よって，Tとなる。

(3) ⑥「海草や藻の中にも非常に有害な種類があり，一度それらが放出されると取り除くのに数百万ドルかかることもある」より，中には害を引き起こすものがあることがわかる。よって，Fとなる。

(4) ⑧「カリフォルニア大学の海洋生物学者であるSue Williams教授は」より，Sue Williams氏はカリフォルニア大学で勤務していることがわかる。よって，Fとなる。

(5) 本文は，①より，世界の海を救うのにあなたができることについての文であることがわかる。つまり，本文で述べられる「利益」は全て「世界の海を救う」ことにつながることがわかるため，Tとなる。

[Listening / 日本語訳]

あなたがもし観賞魚を飼っていて世界の海を救う手伝いをしたいなら，あなたができて，状況を大きく改善できる1つの小さなことがある。家庭や職場で（魚の入った）水槽を持っている人々は，毎年何百万匹もの熱帯魚や巻貝を実際にトイレに流している。これら水槽種はとても強いので，簡単に放水路まで生きたまま旅をする。やがて魚たちはその地域の沿岸部にたどり着き，そこでいわゆる外来種として，元々その土地に生息していた魚を追いやることで［生態系を壊して］大きな生態環境学的ダメージを与える可能性がある。特に有害なのはミノカサゴで、毒を持ち小さい魚をむさぼり食う大型の肉食魚である。海草や藻の中にも非常に有害な種類があり，一度それらが放出されると取り除くのに数百万ドルかかることもある。では、もう必要でない水槽の魚をどうしたらいいのだろうか。カリフォルニア大学の海洋生物学者であるSue Williams教授はペットオーナーに，魚を売ったペットショップにそれを返すようにアドバイスしている。それがうまくいかないなら，イーベイで売るか交換したらいい。地域の魚・野生生物担当課に電話することも可能だろう。もし全てがうまくいかないなら，ペットオーナーは「より大きな利益のため」に魚を安楽死させる（すなわち，殺す）こともできるとWilliams教授は述べている。

(1) 水槽種は通常，トイレまで生きたまま旅ができるほど丈夫ではない。
(2)「外来種」とはその地域に元々生息していない（種である）。
(3) 最終的に海へたどり着く海藻や藻は通常，あまり害を引き起こさない。
(4) Sue Williams氏はカリフォルニア州の魚・野生生物担当課で勤務している。
(5)「より大きな利益のため」は，「世界の海を守るため」の意味でWilliams教授は用いている。

語彙リスト ------- Reading

[1]

- ☐ surface （名）表面
- ☐ by all accounts （熟）誰に聞いても，皆の話では
- ☐ be in serious trouble （熟）深刻な状態である
- ☐ global warming （熟）地球温暖化
- ☐ pollution （名）汚染
- ☐ trash disposal （熟）ごみ処理
- ☐ biodiversity （名）生物多様性
- ☐ habitat （名）生息地
- ☐ plague （動）悩ます
- ☐ afflict （動）悩ます
- ☐ Seven Seas （熟）（世界の）七つの海
- ☐ ... as well （熟）同じように
- ☐ foreign secretary （熟）外務大臣
- ☐ call A B （熟）A を B と呼ぶ
- ☐ equivalent （名）同等のもの
- ☐ mismanage （動）管理を誤る
- ☐ ineptly （副）不適切に
- ☐ instead of ～ （熟）～ではなくて
- ☐ get away with ～ （熟）（悪いことをしたのに）許される

[2]

- ☐ in addition to ～ （熟）～に加えて
- ☐ occur to ～ （熟）～の心にふと浮かぶ
- ☐ noise pollution （熟）騒音公害
- ☐ explain （動）説明する
- ☐ dismay （名）失望
- ☐ marine mammals （熟）海の哺乳動物
- ☐ the ocean depths （熟）海洋の最深部
- ☐ cause （名）原因
- ☐ boom （名）とどろき
- ☐ exploration （名）調査
- ☐ whine （名）ウォーンという音
- ☐ fleet （名）船団
- ☐ commercial ship （熟）商船
- ☐ especially （副）特に
- ☐ count on ～ （熟）～に頼る
- ☐ acute （形）鋭い
- ☐ sense of hearing （熟）聴覚
- ☐ navigation （名）航行

[3]

- ☐ on drugs （熟）薬づけで
- ☐ so to speak （熟）いわば
- ☐ pharmaceutical （名）薬剤
- ☐ painkiller （名）痛み止め
- ☐ heart medication （熟）心臓の薬
- ☐ leak （動）漏れる
- ☐ waterway （名）水路
- ☐ around the globe （熟）世界中で
- ☐ conclude （動）結論を下す
- ☐ concentration （名）濃度
- ☐ chemicals （名）化学薬品
- ☐ affect （動）影響を及ぼす
- ☐ behavior （名）行動
- ☐ expose A to B （熟）A を B にさらす

- □ antisocial (形) 反社会的な
- □ wander away from ～
  (熟) ～からそれている
- □ devour (動) むさぼり食う
- □ peers (名) 仲間
- □ profound (形) 重大な
- □ consequence
  (名) 結果

[4]

- □ speaking of ～
  (熟) ～と言えば
- □ farmers' plows
  (熟) 農家のすき
- □ stir up (熟) かき混ぜる
- □ sediment (名) 沈殿物
- □ potentially (副) 潜在的に
- □ reduce (動) 減らす

[5]

- □ nothing but ～
  (熟) ～だけ
- □ take heart from ～
  (熟) ～に元気づけられる
- □ the very fact that S V
  (熟) S が V するというまさにその事実
- □ make headlines
  (熟) メディアで大きく報道される
- □ pay attention to ～
  (熟) ～に注意を払う
- □ take an immediate step
  (熟) 緊急措置をとる

語彙リスト ------- Listening

- □ aquarium-fish
  (名) 観賞魚
- □ make a difference
  (熟) 違いを生む，改善する
- □ literally (副) 文字通りに，本当に
- □ snail (名) カタツムリ，巻き貝
- □ aquarium (名) 水族館，水槽
- □ drain (名) 排水溝，放水路
- □ eventually (副) 結局は，やがて
- □ coastal water
  (名) 沿岸部
- □ so-called (形) いわゆる
- □ invasive species
  (熟) 外来種
- □ crowd out ～
  (熟) ～を押し出す，～を締め出す
- □ harmful (形) 有害な
- □ lionfish (名) ミノカサゴ
- □ poisonous (形) 有毒な
- □ predator (名) 捕食（肉食）動物
- □ devour (動) むさぼり食う
- □ seaweed (名) 海藻
- □ algae (名) 藻
- □ cost [金額] to V 原
  (熟) V するのに [金額] かかる
- □ get rid of ～ (熟) ～を取り除く
- □ once S V (接) いったん S が V すると
- □ dump (動) 放出する，投げ捨てる
- □ no longer ...
  (熟) もはや ..... ない
- □ marine biologist
  (熟) 海洋生物学者
- □ eBay (名) イーベイ(アメリカ最大のオークションサイト)
- □ euthanize (動) 安楽死させる
- □ that is (熟) すなわち

Read the following passage and answer the questions. CD 6

What kind of childhood we have is the luck of the draw. The society and culture and income bracket we are born into is pure chance, as is the kind of parents we get. It is probably our parents that most determine what kind of childhood we go through, and what kind of person we become, though that has been disputed, most notably by Judith Rich Harris in her 1998 book, *The Nurture Assumption: Why Children Turn Out the Way They Do*. Harris argued that nature is more important than nurture and that a child's peers—his social environment—are more important than parents. Most psychologists and sociologists, however, would say that who we grow up to be is a combination of both. And neuroscience, using brain-scanning technologies, is bearing this out.

Parents today, say some social critics, have a special dilemma to deal with. On the one hand, there is the pressure of competition: the need for moms and dads to give their kids a head start in life, to make sure their sons and daughters keep ahead of their peers in the race to success. As a result, parents push kids to grow up too fast, boasting that their boy or girl is already reading at age two, for example, or taking college-level math courses in middle school. On the other hand, modern society is fraught with dangers of all kinds (particularly what the BBC calls the "sexualization and commercialization" of childhood by TV, movies, games, and ads that target kids), to which parents respond by "helicoptering" their children, hovering over them, solving all their problems, keeping them from growing up at all well into young adulthood. In other words, overprotecting them.

Of course, "over-parenting" is far superior to no parenting at all, since parental neglect is known to be the root cause of a variety of emotional and behavioral problems in children, even, most disturbingly, psychopathy, or so suggests Robert Hare in his 1993 book about the subject, *Without Conscience*. But helicopter- or over-parenting has its own consequences, not so extreme perhaps, but serious nevertheless. A study of university students by Neil Montgomery, a psychologist at Keene State College in New Hampshire, found that students with helicopter parents were more apt to be neurotic than students with non-helicopter parents. They are less flexible and open to new ideas, as well as shier, more nervous, and more sensitive to criticism. About such students Montgomery concludes: "We have a person who is dependent, who is vulnerable, who is self-conscious, who is anxious, who is impulsive and undisciplined, not open to new actions or ideas. Is that going to make a successful college student and person? No, not exactly; it's really a sad story at the end of the day."

（注）bear out：実証する　head start：有利なスタート　"sexualisation and commercialization" of childhood：子供を性的なものとして扱い，金儲けに利用すること　psychopathy：精神病質。精神病質の人はサイコパスと呼ばれ，口が達者で一見魅力的であるが，私利私欲のために，罪の意識を感じることなく次々と嘘をついて人を裏切るなどの特徴がある。

Choose the best answer to complete each sentence below.

(1) The author of the essay thinks that [ ].
(A) childhood is not as happy and carefree as it used to be
(B) chance has a lot to do with the kind of person we grow up to be
(C) in today's society, parents are not particularly important to children's success in life
(D) social background has nothing to do with the kind of person we become

(2) The essay suggests that some parents today [ ].
(A) are overly anxious to get ahead in life
(B) are "sexualizing" their children by exposing them to adult ideas
(C) expect their children to perform academically beyond kids' age level
(D) have no idea how to handle or raise their children

(3) One cause of children's emotional problems that is mentioned in the essay is [ ].
(A) childrens' growing up without parents
(B) parents not being attentive enough to their children's needs
(C) parents forcing young children to do college-level math
(D) parents being overly protective of their children's innocence

(4) Neil Montgomery seems to think that [ ].
(A) over-parenting is as problem-causing as parental neglect
(B) college students should be independent of their parents in order to succeed in life
(C) all over-protected students are bound to fail, in college as well as in life
(D) college-age children of over-protected parents often suffer from a variety of emotional problems

(5) What is the best title for the passage?
(A) Parenting: Too Much or Too Little?
(B) Luck is Everything
(C) The End of Over-Protection
(D) The Tragedy of Parental Neglect

解答欄

1.	2.	3.	4.	5.

Listen to the short talk and read the sentences below.
Circle T if the sentence is true, F if it is false.

CD 7

(1) Spanking is also known as physical punishment.
(2) Spanking is more common than it used to be.
(3) Manitoba is in the United States.
(4) Spanking only causes behavioral problems, not cognitive problems.
(5) Spanking can depress children and actually lower their ability to think clearly.

解答欄

(1) T F　(2) T F　(3) T F　(4) T F　(5) T F

memo

Dictation Exercise

音声を聞いて、次の空欄に当てはまる語（句）を書き取りなさい。

CD 7

① Spanking, ____________________, cannot only cause behavioral problems in children but ________________________ a child's IQ or intelligence. ② A new study conducted in _______________, says that while spanking ___________________________, it is still practiced. ③ Spanking a child as a way to discipline or punish him or her, says the study, can make the child aggressive and anti-social. ④ But it can also make the child sad and depressed, which _______________________________ to function properly. ⑤ In other words, the spanked child _________________ he or she could be.

Script

リスニング問題の完全スクリプトです。何度もシャドーイングして、身につけよう！

① Spanking, or physical punishment, cannot only cause behavioral problems in children but it can also work to lower a child's IQ or intelligence. ② A new study conducted in Manitoba, Canada, says that while spanking is not as common as it used to be, it is still practiced. ③ Spanking a child as a way to discipline or punish him or her, says the study, can make the child aggressive and anti-social. ④ But it can also make the child sad and depressed, which can actually lower the brain's ability to function properly. ⑤ In other words, the spanked child won't be as smart as he or she could be.

[Reading / 解答と解説]

1. (B)　2. (C)　3. (B)　4. (D)　5. (A)

(1) 第1段落で筆者は，子供がどのような環境に生まれ，どのような子供時代を過ごすかは偶然であるとしており，成長してどのような人間になるかは子供が育つ環境によるとまとめている。つまり，我々がどのように成長していくのかは偶然の産物であることが読み取れるため，(B) が正解となる。

(2) 第2段落3文目「その結果として，親は子供たちにあまりにも早く育つことを強制し，例えば自分の息子や娘が2歳ですでに字が読めることや，中学校で大学レベルの数学の授業を受けていることを自慢したりする」より，(C) が正解と判断できる。(A) は主語が「親」であるため，親自身がうまくいくことを切望していることになるため不可。

(3) 第3段落1文目「..... 親による育児放棄は子供たちの様々な情緒的問題や行動的問題の根本原因であることはよく知られており .....」より，育児放棄，すなわち，子供に対して必要な注意や世話を放棄していることが情緒的問題の原因の1つであることが読み取れる。よって，(B) が正解となる。

(4) Neil Montgomery に関しては第3段落で述べられている。3文目に「..... Neil Montgomery による大学生を対象にした研究によれば，ヘリコプター化した親を持つ学生はヘリコプター化していない親を持つ学生よりも神経症になりやすいのだという」と述べ，その後では過保護の学生のマイナス面を列挙し，最後にその学生は非常に残念な結果を迎えであろうと話を締めている。よって，(D) が正解となる。(B) は，本文は「子供がどう育つかは親の対応次第」という主旨から外れ，親の視点ではなく大学生の視点になってしまっているため不可。

(5) タイトルは全体的に触れているものを一言で表したものを選ぶ。第1段落より，本文は「子供がどう育つのかは親の対応次第」という主旨であり，続く段落ではその主旨に基づいて話を展開していることが読み取れる。つまり，親の子育てに対する姿勢を述べた文であることがわかるため，(A) が正解と判断できる。

[Reading / 日本語訳]

[1] どんな子供時代を過ごすことになるかは，くじ引きの運のようなものだ。どんな両親を持つかと同様に，我々が生まれていく社会，文化，所得階層はまったくの偶然なのだ。どんな子供時代を過ごし，どんな人物になるかをほぼ決めるのはおそらく両親であるが，後者は，1998 年に出版された Judith Rich Harris の著書『*The Nurture Assumption: Why Children Turn Out the Way They Do*』で最も顕著に異議が唱えられている。育ちよりも本来の気質の方がより重要で，子供の友人 — つまり子供の社会環境 — の方が親よりも重要であると，Harris は主張した。しかしながら，成長してどういう人間になるかは両方の組み合わせによるものだと，大多数の心理学者や社会学者らは言うであろう。そして，神経科学は，脳をスキャンする科学技術を使用し，このことを実証しようとしている。

[2] 社会批評家らによれば，今日の親たちは，扱いが難しい特別な問題を抱えているという。一方で，競争のプレッシャーがあり，母親や父親は自分の子供に人生において有利なスタートを与える必要があるが，それは息子や娘が成功するためのレースで子供の友人よりも有利で居続けさせることを確実にするためである。その結果として，親は子供たちにあまりにも早く育つことを強制し，例えば自分の息子や娘が 2 歳ですでに字が読めることや，中学校で大学レベルの数学の授業を受けていることを自慢したりする。他方では，現代社会はあらゆる種類の危険（特に，子供向けのテレビ，映画，ゲームや広告による子供時代の「性愛化と商業化」と BBC が呼ぶもの）で満ちており，そういった危険に対し，親たちは「ヘリコプター化」して自分の子供の周りをうろうろし，子供たちの問題を全て解決し，ヤングアダルトに成長しないようにとする。言い換えると，過保護になってしまっている。

[3] もちろん，過保護はまったく子育てをしないよりははるかによい。というのも，親による育児放棄は子供たちの様々な情緒的問題や行動的問題の根本原因であることはよく知られており，さらに気がかりなことには，Robert Hare が 1993 年に出版した著書『*Without Conscience*』で述べているように，精神病質の原因にもなる。しかし，ヘリコプター化することや過保護になることは独自の結果を生み，おそらくそれほど極端ではないが，それでも深刻な結果にもなる。ニューハンプシャーにある Keene State 大学の心理学者 Neil Montgomery による大学生を対象にした研究によれば，ヘリコプター化した親を持つ学生はヘリコプター化していない親を持つ学生よりも神経症になりやすいのだという。彼らは柔軟性や新しい考え方を受け入れる能力に乏しく，より内気で，より神経質で，批判に対してより傷つきやすい。そのような学生に関して，Montgomery はこのように結論付けている。「他者に頼り，傷つきやすく，自意識過剰で，心配性で，衝動的で充分なしつけも受けておらず，新しい行動や考えを受け入れない人がいる。そういう人が大学生や人間として成功できるだろうか。いや，ちょっと違うだろう。結局は，かなり残念な話として終わるのである。」

[Reading 選択肢 / 日本語訳]

(1) エッセーの筆者は [　　　　] と考えている。

(A) 子供時代はかつてほど幸福であったり楽しいということはない

(B) 偶然は我々が成長してなる人となりと大きな関わりがある

(C) 今日の社会では，親は子供の人生の成功にとってそれほど重要ではない

(D) 社会的背景は現在の我々がなる人となりと全く関係がない

(2) 今日の親の中には [　　　　] ということをエッセーは示唆している。

(A) (自分の子供の) 人生がうまくいくことを過度に切望している者もいる

(B) 大人の考えに触れさせることで自分の子供に性的特徴を付けようとしている者もいる

(C) 子供の年齢水準を超えて自分の子供に勉強ができてほしいと思う者もいる

(D) 自分の子供の扱い方や育て方がかわからない者もいる

(3) このエッセーで言及されている子供の情緒的問題の1つの原因は [　　　　] である。

(A) 子供が親なしで成長すること

(B) 親が子供のニーズに十分注意を払っていないこと

(C) 親が幼い子供に大学レベルの数学を強いること

(D) 親が子供の無邪気さに過保護であること

(4) Neil Montgomery は [　　　　] と考えているようである。

(A) 過保護は親の育児放棄と同じくらい問題を誘発する

(B) 大学生は人生で成功するために親から独立すべきだ

(C) 大学でだけでなく人生ででも過保護の学生は全員きっと失敗するであろう

(D) 過保護な親に育てられた大学生くらいの年齢の子供は様々な情緒的問題にしばしば苦しむ

(5) 本文に最も適するタイトルは何か。

(A) 育児：多すぎるか少なすぎるか (過保護か育児放棄か)

(B) 運がすべてである

(C) 過保護の結末

(D) 育児放棄の悲劇

[Listening / 解答と解説]

(1) T　(2) F　(3) F　(4) F　(5) T

(1) ①「尻をたたく行為，もしくは体罰は」より，尻をたたく行為は体罰であることがわかる。よって，T となる。

(2) ②「..... 尻をたたく行為は昔ほど一般的ではないとしても，いまだに行われている」より，昔ほど一般的ではないことがわかる。よって，F となる。

(3) ②「カナダのマニトバで行われた新しい研究によると .....」より，マニトバはカナダにある州であることがわかる。よって，F となる。

(4) ①「尻をたたく行為，もしくは体罰は，子供たちの行動上の問題の原因となりうるだけでなく，子供の知能指数や思考力を低下させる可能性もある」より，行動上の問題のみならず思考力低下の原因にもなり得る可能性があることがわかる。よって，F となる。

(5) ④「尻をたたくことは子供を悲しい気分にさせたり落ち込ませたりする可能性もあり，そのことにより，実際に脳が正常に機能する能力を低下させることがある」より，T となる。

[Listening / 日本語訳]

① 尻をたたく行為，もしくは体罰は，子供たちの行動上の問題の原因となりうるだけでなく，子供の知能指数や思考力を低下させる可能性もある。② カナダのマニトバで行われた新しい研究によると，尻をたたく行為は昔ほど一般的ではないとしても，いまだに行われている。③ 研究によると，しつけたり罰したりする方法として子供たちの尻をたたくことは，子供を攻撃的で反社会的にする可能性があるという。④ だが，尻をたたくことは子供を悲しい気分にさせたり落ち込ませたりする可能性もあり，そのことにより，実際に脳が正常に機能する能力を低下させることがある。⑤ 言い換えれば，尻をたたかれた子供は本来の頭の良さを発揮できないであろうということである。

(1) 尻をたたく行為は体罰としても知られている。
(2) 尻をたたく行為は昔よりも一般的である。
(3) マニトバはアメリカ合衆国の中にある。
(4) 尻をたたく行為が引き起こすのは行動上の問題だけであり，精神的な問題は引き起こさない。
(5) 尻をたたく行為は子供たちを意気消沈させる可能性があり，事実，明らかに考える能力を低下させる。

語彙リスト ------- Reading

[1]

- □ childhood （名）子供時代
- □ draw （名）くじ引き
- □ society （名）社会
- □ culture （名）分化
- □ income bracket （熟）所得階層
- □ pure （形）まったくの
- □ chance （名）偶然
- □ it is ～ that V （熟）V するのは～だ
- □ probably （副）おそらく
- □ determine （動）決心する
- □ go through （熟）通過する，経験する
- □ dispute （動）異議を唱える
- □ notably （副）著しく
- □ argue （動）主張する
- □ nature （名）性質
- □ nurture （名）しつけ
- □ peer （名）友人
- □ social environment （熟）社会環境
- □ psychologist （名）心理学者
- □ sociologist （名）社会学者
- □ grow up to be ～ （熟）成長して～になる
- □ combination （名）組み合わせ
- □ neuroscience （名）神経科学
- □ technology （名）科学技術

[2]

- □ social critic （熟）社会批評家
- □ dilemma （名）板挟み，解決が困難な難問
- □ deal with （動）扱う
- □ on the other hand （熟）一方で
- □ competition （名）競争
- □ make sure （熟）確実にする
- □ keep ahead of ～ （熟）他人より先んじている
- □ as a result （熟）その結果として
- □ push ～ to V 原 （熟）～に V することを強いる
- □ boast （動）自慢する
- □ middle school （熟）中学校
- □ modern society （熟）現代社会
- □ be fraught with ～ （熟）～に満ちている
- □ sexualization （名）性愛化
- □ commercialization （名）商業化
- □ respond to ～ （熟）～に反応する
- □ hover over （動）うろつく
- □ solve （動）解決する
- □ young adulthood （熟）青年期，ヤングアダルト
- □ keep ～ from Ving （熟）～が V しないようにする
- □ in other words （熟）言い換えると
- □ overprotect （動）過保護にする

[3]

- □ overparenting （名）過保護
- □ far ＋比較級 （熟）はるかに比較級

- □ superior to ～ （熟）～より優れている
- □ 否定語 ～ at all （熟）まったく～ない
- □ parenting （名）子育て
- □ neglect （名）無視，育児放棄
- □ root （形）根本の
- □ cause （名）原因
- □ a variety of ～ （熟）様々な～
- □ emotional （形）情緒の
- □ behavioral （形）行動の
- □ disturbingly （副）気がかりなことには
- □ consequence （名）結果
- □ extreme （形）極端な
- □ nevertheless （副）それにもかかわらず，それでも
- □ be apt to ～ （熟）～しがちである
- □ neurotic （形）神経症の
- □ flexible （形）柔軟な
- □ shier （形）shy の比較級
- □ nervous （形）神経質な
- □ sensitive （形）傷つきやすい
- □ criticism （名）批判
- □ vulnerable （形）傷つきやすい
- □ self-conscious （形）自意識過剰の
- □ anxious （形）心配な
- □ impulsive （形）衝動的な
- □ undisciplined （形）しつけの悪い
- □ not exactly （熟）ちょっと違います
- □ at the end of the day （熟）結局は

語彙リスト ------- Listening

- □ spanking （名）尻をたたく行為
- □ physical punishment （熟）体罰
- □ not only A but also B （熟）A だけでなく B も
- □ cause （動）原因となる
- □ behavioral （形）行動上の
- □ IQ （名）知能指数
- □ intelligence （名）思考力
- □ conduct （動）行う
- □ not as ... as ～ （熟）～ほど…ない
- □ common （形）一般的な
- □ S used to be （熟）かつての S
- □ practice （動）行う
- □ as a way to V 原 （熟）V する方法として
- □ discipline （動）しつける
- □ punish （動）罰する
- □ make O C （熟）O を C にする
- □ aggressive （形）攻撃的な
- □ anti-social （形）反社会的な
- □ depressed （形）落ち込んだ
- □ actually （副）実際に
- □ ability to V 原 （熟）V する能力
- □ function （動）作動を果たす
- □ properly （副）正しく
- □ smart （形）賢い

Read the following passage and choose the best word or phrase from among the four choices to fill each gap. CD 8

Hundreds of the world's animal species are threatened; some face imminent extinction. Extinction is (1) process, and millions of species have succumbed to evolution and the "survival of the fittest." But the process of dying out has sped up greatly over the last few centuries because of—you guessed it, human activity. Global warming and habitat destruction are rapidly killing off polar bears and mountain gorillas. Overfishing is putting the blue fin tuna at risk. Poachers are slaughtering tigers and elephants. Invasive snakes are preying on native mammals and rodents.

Of course, it's not as if nothing is being done to stop this tragedy. A lot is, and quite successfully, too. For example, (2) conservation efforts and the ban on the pesticide DDT, America's national symbol, the bald eagle, once down to only 400 or so nesting pairs, has now rebounded to nearly 10,000, enough to cross it off the endangered species list. Another example is the Huemul, a species of deer found in Patagonia in Chile that was brought back from the brink of extinction and is now thriving thanks to collaborative efforts between government and conservationists. (3), many nations like Thailand and Laos and China have pledged to end their trade in "blood ivory." The U.N. is clamping down on the illegal wildlife trade. And many zoos are giving safe haven to endangered species. But what if conservation and tougher laws and stricter standards aren't enough? What if limits on fish catches, say, or moratoriums on whale hunting don't work? What if we're running out of time to halt the "downward spiral"?

With the answer to these questions still up in the air, many people think a more drastic solution is called for. And some scientists think they may have it: cloning. So far the success rate has been poor—barely seven percent of cloned animals survive. But failure seems to spur on further research, and these scientists are convinced that the technique will evolve into a dependable way to (4) panda bears, lynxes, and other endangered species for future generations. (Some scientists are even hoping to eventually bring back extinct species like the wooly mammoth and mastodon through a cloning process called "de-extinction.") Critics disagree. They say that cloning and other technologies will never be a real solution to the problem of large-scale extinction. The huge amount of money needed to fund research to perfect cloning, they say, would be much better spent on habitat conservation and restoration. (5), these critics ask, what good would it do to create cloned animals only to have no space for them to live in?

（注）survival of the fittest：適者生存　　de-extinction：脱・絶滅

Choose the best answer to complete each sentence below.

(1) (A) a man-made (B) a reversible
(C) a natural (D) a fascinating

(2) (A) thanks to (B) according to
(C) in spite of (D) instead of

(3) (A) In contrast (B) Be that as it may
(C) For the time being (D) Meanwhile

(4) (A) develop (B) save
(C) influence (D) replace

(5) (A) After all (B) Even so
(C) On the other hand (D) What's more

解答欄

1.	2.	3.	4.	5.

Listen to the short talk and read the sentences below.
Circle T if the sentence is true, F if it is false.

CD 9

(1) Plants cannot be invasive species.
(2) Guam is a U.S. territory.
(3) The brown tree snake is native to the South Pacific but came to Guam on ships.
(4) The snakes feed during the day, live on the ground, and eat only birds.
(5) The dead mice injected with the special chemical will be dropped by plane onto Guam.

解答欄

(1) T F　(2) T F　(3) T F　(4) T F　(5) T F

memo

Dictation Exercise

音声を聞いて、次の空欄に当てはまる語（句）を書き取りなさい。

CD 9

① ______________________________ (______) that comes into a habitat and causes great harm to the native species. ② ________________________________ ______, one kind of snake has become an invasive species. ③ As a result, almost all of Guam's native species of birds have become extinct. ④ The snake is called the brown tree snake, which ______________________________. ⑤ It came to Guam on military ships shortly after World War II. ⑥ Now there are two million of them living in the island's jungles. ⑦ The average brown tree snake is about one meter long. ⑧ It is nocturnal, that is, ______________. ⑨ It lives __ ____________ and is poisonous. ⑩ The snakes thrived on Guam because there are no other animals there that prey on the snakes. ⑪ __________________ ____, so now the U.S. government has come up with a drastic plan to try to get rid of them. ⑫ Tens of thousands of dead mice ____________________________ __ to Guam. ⑬ The mice ____________________________________ that, when the snakes eat the mice, will wipe out the snakes but won't harm people or other animals. ⑭ The U.S. state of Hawaii is worried that brown tree snakes might eventually get there, too, and threaten Hawaii's bird population. ⑮ So Hawaii is hoping Guam's plan is successful.

Script

リスニング問題の完全スクリプトです。何度もシャドーイングして、身につけよう！

① <u>An invasive species is an animal</u> (<u>or plant</u>) that comes into a habitat and causes great harm to the native species. ② <u>On the U.S. island territory of Guam</u>, one kind of snake has become an invasive species. ③ As a result, almost all of Guam's native species of birds have become extinct. ④ The snake is called the brown tree snake, which <u>is originally from the South Pacific</u>. ⑤ It came to Guam on military ships shortly after World War II. ⑥ Now there are two million of them living in the island's jungles. ⑦ The average brown tree snake is about one meter long. ⑧ It is nocturnal, that is, <u>it hunts at night</u>. ⑨ It lives <u>in the top of trees</u> and is poisonous. ⑩ The snakes thrived on Guam because there are no other animals there that prey on the snakes. ⑪ <u>The snakes also eat rodents</u>, so now the U.S. government has come up with a drastic plan to try to get rid of them. ⑫ Tens of thousands of dead mice <u>are being dropped by airplane on</u> to Guam. ⑬ The mice <u>have been injected with a special chemical</u> that, when the snakes eat the mice, will wipe out the snakes but won't harm people or other animals. ⑭ The U.S. state of Hawaii is worried that brown tree snakes might eventually get there, too, and threaten Hawaii's bird population. ⑮ So Hawaii is hoping Guam's plan is successful.

［Reading / 解答と解説］

1. (C)　　2. (A)　　3. (D)　　4. (B)　　5. (A)

(1)「絶滅は（　1　）過程であり，何百万もの種が進化や『適者生存』に屈してきた」が文意。「何百万もの種が進化や『適者生存』に屈してきた＝何百万もの種が絶滅してきた」より，絶滅が起こることは特別なことではない［自然である］ことがわかる。よって，(C) が正解となる。

(2)「例えば，保護努力と殺虫剤 DDT の禁止（　2　），..... ハクトウワシは ..... たった 400 かそこらに減ってしまったが，今では 10,000 近くまで回復し，絶滅危惧種のリストからはずすのに十分なほどである」が文意。つまり，保護努力と DDT の禁止が原因で，ハクトウワシの数が回復したことがわかる。よって，プラスイメージを持つ原因を導く (A) が正解となる。

(3)「（　3　），タイ・ラオス・中国のような多くの国が『純血種の象牙』の貿易をやめることを誓った」が文意。直前の文が「別の例としてゲマルジカがあり ..... 政府と自然保護活動家の協同努力のおかげで，絶滅の瀬戸際から回復し，今ではうまく育っている」のように，同内容であることから，同イメージの内容を続ける表現が入ることがわかる。よって，(D) が正解となる。また，第 2 段落は 1 文目より，絶滅を止めるために行われている様々な活動とうまくいっている例についての段落であることを読み取っておくと，続く文は，その例が列挙されている文章構成になっているのがわかる。

(4)「しかし，失敗がさらに進んだ研究を駆り立てているようであり，その技術は後の世代のパンダ，オオヤマネコ，そして他の絶滅危惧種を（　4　）ような信頼できる方法に発展すると，これらの科学者らは確信している」が文意。第 3 段落は 1・2 文目より，クローン化を「絶滅に対する解決策」として挙げる段落であることがわかる。よって，「絶滅危惧種を絶滅させない」という内容になるため，(B) が正解となる。

(5)「（　5　），クローン動物を生み出しても，結局その動物たちが住む場所がないという結果になるだけなら，一体どんな利益があるのだろうかと，これらの批評家らは疑問を投げかけるのだ」が文意。前文「完全なクローン化へ向けた研究に提供するために必要とされる莫大な資金は，生息地保護や回復に使われた方がはるかに良いだろうと，彼らは述べている」との関係を考えると，「前文＝彼らの主張」「空所を含む文＝前文への理由」となっていることがわかる。この流れを作ることができる選択肢は，(A) のみである。なお，(A) は「最後に」「終わりにあたって」の意味で用いることはできないため，最後の方の空所だから (A) と選んだ場合は，偶然解答と一致したと考えられるので注意。

［Reading / 日本語訳］

[1] 世界中の何百種もの動物が脅威にさらされている。中には差し迫った絶滅に直面する種もある。絶滅は自然の過程であり，何百万もの種が進化や「適者生存」に屈してきた。しかし，絶滅の過程は，推測した通り，人間の活動が原因で，ここ 2・3 世紀の間に大きく加速した。地球温暖化や生息地破壊のせいで、ホッキョクグマやマウンテンゴリラを急激に絶滅させつつある。魚の乱獲がクロマグロを危険にさらしている。密猟者がトラやゾウを殺している。外来種のヘビが原産の哺乳動物やげっ歯類を捕食している。
[2] もちろん，この悲劇を止めるために，まるで何も行われていないかのようではない。多くのことが行われ，またかなりうまくいっている。例えば，保護努力と殺虫剤 DDT の禁止のおかげで，アメリカ国家のシンボルであるハクトウワシは，かつては巣ごもりするつがいはたった 400 かそこらに減ってしまったが，今では 10,000 近くまで回復し，絶滅危惧種のリストからはずすのに十分なほどである。別の例としてゲマルジカがあり，チリのパタゴニアで見られるシカの一種で，政府と自然保護活動家の協同努力のおかげで，絶滅の瀬戸際から回復し，今ではうまく育っている。同時に，タイ・ラオス・中国のような多くの国が「純血種の象牙」の貿易をやめることを誓った。国連は違法な野生動物貿易を取り締まっている。また，多くの動物園が絶滅危惧種に安全な場所を提供している。だが，もし保護やより厳しい法律やより厳格な基準などでは十分でなかったとしたらどうなるだろう。例えば，もし漁獲に対する制限や捕鯨の一時停止が機能しなかったらどうなるだろう。もし「下方へのスパイラル」を停止させるのに時間切れになったらどうなるだろう。
[3] これらの質問に対する答えはいまだ未解決であり，より思い切った解決策が必要だと多くの人たちが考えている。そして，中にはその解答が得られるかもしれないと考える科学者もいる。クローン化である。今のところ，成功率は低い — かろうじて 7 %のクローン動物が生き残っている。しかし，失敗がさらに進んだ研究を駆り立てているようであり，その技術は後の世代のパンダ，オオヤマネコ，そして他の絶滅危惧種を救うような信頼できる方法に発展すると，これらの科学者らは確信している。（中には，「脱・絶滅」と呼ばれるクローン化の過程を通して，毛でおおわれたマンモスやマストドンのような絶滅種を最終的に復活させることを期待している科学者もいる。）批評家らの意見は違う。クローン化や他の技術は大規模絶滅の問題に対する真の解決策には決してならないと，彼らは述べている。完全なクローン化へ向けた研究に提供するために必要とされる莫大な資金は，生息地保護や回復に使われた方がはるかに良いだろうと，彼らは述べている。そもそも，クローン動物を生み出しても，結局その動物たちが住む場所がないという結果になるだけなら，一体どんな利益があるのだろうかと，これらの批評家らは疑問を投げかけるのだ。

［Reading 選択肢 / 日本語訳］

(1) (A) 人工の (B) 反対にできる
(C) 自然の (D) 魅了する

(2) (A) ～のおかげで (B) ～によれば，～に従って
(C) ～にもかかわらず (D) ～の代わりに

(3) (A) これとは対照的に (B) どちらにしても
(C) 現在の (D) 同時に，一方では

(4) (A) 発達させる (B) 救う
(C) 影響を及ぼす (D) 取って代わる

(5) (A) 結局，そもそも (B) たとえそうでも
(C) 他方では (D) その上

[Listening / 解答と解説]

(1) F　(2) T　(3) T　(4) F　(5) T

(1) ①「外来種とは，ある生育地に入ってきて，原産種に大きな被害をもたらす動物（や植物）のことである」より，植物も外来種となり得ることがわかる。よって，F となる。

(2) ②「アメリカ領グアム島では」より，グアム島はアメリカ合衆国の領土であることがわかる。よって，T となる。

(3) ④「そのヘビはミナミオオガシラと呼ばれ，元々は南太平洋にいる」より，南太平洋原産であることが，⑤「そのヘビは第２次世界大戦のあとすぐに軍艦に乗ってグアムにやってきた」より，船でグアム島へ航ったことがわかる。よって，T となる。

(4) ⑧「そのヘビは夜行性，すなわち，夜中に狩りをする」より，夜行性であることがわかり，⑨「そのヘビは木のてっぺんに住み」より，木の上で生活し，⑪「そのヘビはげっ歯類も食べるので」より，鳥類以外も捕食することがわかる。よって，F となる。

(5) ⑫「何万もの死んだネズミが飛行機からグアムに落とされる予定だ」より，ネズミの投下が予定されていることがわかり，⑬「そのヘビがそのネズミを食べるとヘビを殺すが ..... 害のない特別な化学薬品が，そのネズミには注射されている」より，ネズミには特別な化学薬品が使用されていることがわかる。よって，T となる。

[Listening / 日本語訳]

① 外来種とは，ある生育地に入ってきて，原産種に大きな被害をもたらす動物（や植物）のことである。② アメリカ領グアム島では，一種類のヘビが外来種となった。③ その結果として，グアム原産の鳥類のほとんどすべてが絶滅した。④ そのヘビはミナミオオガシラと呼ばれ，元々は南太平洋にいる。⑤ そのヘビは第２次世界大戦のあとすぐに軍艦に乗ってグアムにやってきた。⑥ 今では，２百万匹のそのヘビがグアム島のジャングルに生息している。⑦ 平均的なミナミオオガシラは約１メートルである。⑧ そのヘビは夜行性，すなわち，夜中に狩りをする。⑨ そのヘビは木のてっぺんに住み，有毒である。⑩ グアムにはそのヘビを捕食する動物がいないため，よく育った。⑪ そのヘビはげっ歯類も食べるので，今現在，アメリカ政府はこのヘビを駆除する抜本的な計画を考え付くに至った。⑫ 何万もの死んだネズミが飛行機からグアムに落とされる予定だ。⑬ そのヘビがそのネズミを食べるとヘビを殺すが，人間や他の動物には害のない特別な化学薬品が，そのネズミには注射されている。⑭ アメリカのハワイ州は，最終的にミナミオオガシラがハワイにも入ってきて，ハワイの鳥類個体数を脅かすことを懸念している。⑮ そのため，ハワイはグアムの計画が成功することを望んでいるのだ。

(1) 植物は外来種になることができない。
(2) グアム島はアメリカ合衆国の領土である。
(3) ミナミオオガシラは南太平洋原産だが，船でグアム島へ航った。
(4) そのヘビは日中にエサを食べ，地面で生活し，鳥類のみを捕食する。
(5) 特別な化学薬品を注射された死んだネズミが，飛行機でグアム島に投下されるだろう。

語彙リスト ------- Reading

[1]

- □ hundreds of ～ (熟) 何百もの～
- □ species (名) 種（しゅ）
- □ threaten (動) 脅かす
- □ face (動) 直面する
- □ imminent (形) 差し迫った
- □ extinction (名) 絶滅
- □ a natural process (熟) 自然の過程
- □ millions of ～ (熟) 何百万もの～
- □ succumb (動) 負ける，屈する
- □ evolution (名) 進化
- □ die out (熟) 絶滅する
- □ speed up (熟) 加速する
- □ greatly (副) 大いに
- □ over the last few centuries (熟) この２・３世紀の間に
- □ global worming (熟) 地球温暖化
- □ habitat (名) 生息地
- □ destruction (名) 破壊
- □ kill off ～ (熟) ～を絶滅させる
- □ polar bear (名) ホッキョクグマ
- □ overfishing (名) 魚の乱獲
- □ put ～ at risk (熟) ～を危険にさらす
- □ blue fin tuna (名) クロマグロ
- □ poacher (名) 密猟者，密漁者
- □ slaughter (動) 殺す
- □ invasive snakes (熟) 外来種のヘビ
- □ prey on ～ (熟) ～を捕食する
- □ native mammals (熟) 原産の哺乳動物
- □ rodent (名) げっ歯類（ネズミ・リス等）

[2]

- □ tragedy (名) 悲劇
- □ quite (副) かなり
- □ successfully (副) うまく
- □ thanks to ～ (熟) ～のおかげで
- □ conservation (名) 保護
- □ ban (名) 禁止
- □ pesticide DDT (名) 殺虫剤 DDT
- □ national (形) 国家の
- □ bald eagle (名) ハクトウワシ
- □ nesting pairs (熟) 巣ごもりするつがい
- □ rebound (動) 回復する
- □ cross off (熟) 線を引いて消す
- □ endangered species (熟) 絶滅危惧種
- □ Huemul (名) ゲマルジカ
- □ bring back (熟) 回復させる
- □ brink (名) 瀬戸際
- □ thrive (動) 繁栄する
- □ collaborative (形) 協同の
- □ government (名) 政府
- □ conservationist (名) 自然保護活動家
- □ meanwhile (副) 同時に，その一方で
- □ pledge to V原 (熟) V することを誓う
- □ trade (名) 貿易
- □ blood ivory (熟) 純血種の象牙
- □ the U.N. (名) 国連（the United Nations）
- □ clamp down (熟) 取り締まる
- □ illegal (形) 違法の
- □ safe haven (熟) 安全な場所

- □ what if S V （熟）もしSがVしたらどうなるか
- □ tougher laws （熟）より厳しい法律
- □ stricter standards （熟）より厳格な基準
- □ fish catches （熟）漁獲
- □ , say, （熟）例えば
- □ moratorium （名）一時停止
- □ whale hunting （熟）捕鯨
- □ work （動）機能する
- □ run out of ～ （熟）～がなくなる
- □ halt （動）停止させる
- □ downward spiral （熟）下方へのスパイラル

[3]

- □ up in the air （熟）未解決で
- □ drastic （形）思い切った，極端な
- □ solution （名）解決策
- □ call for ～ （熟）～を必要とする
- □ cloning （名）クローン化
- □ so far （熟）今のところ
- □ success rate （熟）成功率
- □ barely （副）かろうじて
- □ failure （名）失敗
- □ spur （動）駆り立てる
- □ further （形）さらに進んだ
- □ be convinced that S V （熟）SがVするのを確信している
- □ evolve （動）発展させる
- □ dependable （形）信頼できる
- □ lynx （名）オオヤマネコ
- □ generation （名）世代
- □ eventually （副）最終的に
- □ wooly （形）毛でおおわれた
- □ extinct species （熟）絶滅種
- □ critic （名）批評家
- □ disagree （動）意見が合わない
- □ fund （動）資金を提供する
- □ restoration （名）回復
- □ after all （熟）結局，そもそも
- □ create （動）創造する
- □ only to V原 （熟）結局Vする結果となるだけ

語彙リスト ------- Listening

- □ invasive species （熟）外来種
- □ cause （動）原因となる
- □ harm （名）害 （動）害する
- □ territory （名）領土
- □ as a result （熟）その結果として
- □ extinct （形）絶滅した
- □ brown tree snake （名）ミナミオオガシラ
- □ originally （副）もとは
- □ military ship （熟）軍艦
- □ nocturnal （形）夜行性の
- □ that is （熟）すなわち
- □ poisonous （形）有毒な
- □ come up with ～ （熟）～を考え付く
- □ get rid of ～ （熟）～を取り除く
- □ tens of thousands of ～ （熟）何万もの～
- □ drop （動）落とす
- □ inject （動）注射する
- □ chemical （名）化学物質（薬品）
- □ wipe out （熟）一掃する
- □ eventually （副）最終的に
- □ get there （熟）そこへ到着する
- □ threaten （動）脅かす
- □ population （名）人口，個体数

Read the following passage and answer the questions. CD 10

"Health is everything." "Nothing is more important than health." How often these days do we hear such comments—clichés so obvious that they aren't worth speaking. Of course health is important! Of course it's better to be healthy than to be sick! We in the developed world have become obsessed with health, preoccupied with blood pressure, waist size, blood-sugar levels. Half of all ads are health-related—vitamin supplements, exercise machines, quick-weight-loss programs. Half of all conversations are about pill-taking schedules, doctor's orders, medical check-ups, who has what illness or syndrome. All this talk about health is, frankly, a huge bore. It's a sign of how privileged we are—and how spoiled: "I don't really care," we seem to be saying, "that well over half the earth's people (many of them children) are poor and struggle daily with disease and stunted growth and medieval life spans, not as long as I have a flat tummy and live my allotted 85 years!" Let me put it this way: a society made up of healthy citizens is a healthy society. But a society that talks incessantly about health is, well, ... just a little absurd, and a little sick.

OK, enough ranting. And let's not dwell on the developing world's biggest killer diseases, things like malaria and other neglected tropical diseases, HIV, and drug-resistant tuberculosis that the World Health Organization (WHO) has pledged to tackle with stepped-up research and funding. Too depressing. Let's talk about something else; obesity, say, and its consequences for society. Take the United States, which has the world's highest rate of obese citizens. This has a significant impact on the U.S. health-care system and the country's overall economic well-being, amounting to billions of dollars annually in direct medical costs as well as decreased worker productivity, absenteeism, and loss of future income caused by premature death.

As a society, what can we do to prevent obesity? We can be like Denmark and impose a "fat tax" on foods considered unhealthy, penalizing the fat for "being bad." We can "criminalize" parents who raise obese kids, or even take their kids away from them, as was done in a recent U.S. case. Or we can realize that obesity is not really about personal weakness or laziness, as "thin" people like to believe. We can understand that no one really wants to be fat. We can realize that obesity is a complex psychological and social problem, one that needs to be dealt with not with condescension and contempt but through policies and programs based on compassion and respect. And sure, we can all watch what we eat and exercise and try to maintain a "healthy" weight. But can we just not talk about it all the time?

（注）cliché：決まり文句　stunted growth：発育不全　dwell on：深く考える
premature death：（標準的な寿命より）早く死亡すること

Choose the best answer to complete each sentence below.

(1) The health problem that people in the developed countries are NOT mentioned as being overly concerned with is ______.
(A) children's stunted growth
(B) high blood pressure
(C) obesity
(D) blood-sugar levels

(2) The main idea of paragraph 1 is that ______.
(A) advertising is all about health these days
(B) health isn't as important as we think it is
(C) being so preoccupied with health isn't a healthy obsession
(D) health is more precious than anything lese

(3) The underlined pronoun "This" in paragraph 2 refers to ______.
(A) obesity in general
(B) the world's high rate of obesity
(C) the U.S. having the world's highest rate of obesity
(D) obesity's consequences for society

(4) In paragraph 3, the author of the essay implies that ______.
(A) obesity cannot be solved by making fun of the obese
(B) the Danish solution to obesity is the most effective
(C) watching one's weight is pointless in the end
(D) severly punishing obese people is the only solution to the obesity problem

(5) The author would most likely agree with which of the following statements?
(A) The only way to stay healthy is to engage in regular exercise.
(B) All parents of fat children should lose their children.
(C) Drug-resistant tuberculosis is no longer a problem in developing countries.
(D) Decreasing the obesity rate would help lessen some of most serious social and economic problems.

解答欄

1. 2. 3. 4. 5.

Listen to the short talk and read the sentences below. CD 11
Circle T if the sentence is true, F if it is false.

(1) Americans and Japanese are fighting different weight problems.
(2) Over half of Japanese women in their 20s are too thin.
(3) The underweight women are already suffering from serious health problems.
(4) The goal is to expand all young women's waistlines.
(5) The Health Ministry thinks that women being too "skinny" could mean that even fewer babies will be born in Japan.

解答欄

(1) T F　(2) T F　(3) T F　(4) T F　(5) T F

memo

Dictation Exercise

音声を聞いて、次の空欄に当てはまる語（句）を書き取りなさい。

CD 11

① While many Americans are struggling with obesity, a growing number of young Japanese ______________________________: they're too skinny and need to expand their waistlines. ② The Japanese Health Ministry says that ____________________________________ are underweight. ③ "Although the young women are not yet at risk of serious health problems, we are making it a goal to ______________________________ over the next decade," said one official. ④ The Health Ministry still has no concrete plan for solving the problem, but it is concerned that ______________________________ _____________, which is already one of the world's lowest.

Script

リスニング問題の完全スクリプトです。何度もシャドーイングして、身につけよう！

① While many Americans are struggling with obesity, a growing number of young Japanese <u>women have the opposite problem</u>: they're too skinny and need to expand their waistlines. ② The Japanese Health Ministry says that <u>a record 29 percent of women in their 20s</u> are underweight. ③ "Although the young women are not yet at risk of serious health problems, we are making it a goal to <u>reduce that percentage to 20 percent</u> over the next decade," said one official. ④ The Health Ministry still has no concrete plan for solving the problem, but it is concerned that <u>underweight women could affect the nation's birth rate</u>, which is already one of the world's lowest.

[Reading / 解答と解説]

1. (A)　2. (C)　3. (C)　4. (A)　5. (D)

(1) 第１段落６文目「先進国に暮らす我々は ..... 血圧やウエストのサイズ，血糖値を気にかけるようになっている」より，「血圧→ (B) 高血圧」「ウエストのサイズ→ (C) 肥満」「血糖値→ (D) 糖尿病」に関して述べられていることがわかる。よって，(A) が正解となる。

(2) 第１段落では，健康は大切であるとしながらも，最終文で「しかし，絶え間なく健康について話してばかりいる社会は，ええと，少しばかげており，少し病的である」とまとめている。つまり，健康についてばかり話すのは健全とは言い難いと述べていることがわかるので，(C) が正解となる。

(3)「This がアメリカの医療制度と国全体の経済安定に重大な影響を与え，労働者の生産性の減少，欠勤，標準寿命より早い死によって将来の収入が失われるだけでなく，毎年の直接の医療費が何十億ドルにも達しているのだ」が文意。つまり，This の指す内容は「医療制度や経済の安定にマイナスの影響を与え，結果としてアメリカにとっての莫大な損失につながる事」であることが読み取れる。よって，(C) が正解となる。

(4) ６文目「肥満は複雑な心理的・社会的問題であり，見下したり軽蔑して対処されるのではなく，思いやりと敬意を基にした政策やプログラムを通して対処されるべき問題であると理解できる」より，(A) が正解と判断できる。(B) は，肥満を防ぐために，我々にできることの具体例としてデンマークの例を挙げているにすぎず，これが最善とは述べられていないことに注意。

(5) 本文は「健康」をテーマに書かれた文である。第２段落中頃から第３段落にかけて「肥満」について書かれているが，第２段落では「肥満と肥満が社会に与える結果（社会的・経済的マイナス面)」が述べられている。よって，(D) が正解と判断できる。

［Reading / 日本語訳］

[1]「健康が全てである。」「健康より大切なものはない。」最近どれだけ頻繁にそのようなコメントを耳にするだろうか — 非常にわかりきったことであるため，話す価値がないほどである。もちろん，健康は大切である！　もちろん，病気であるよりは健康である方がよい！　先進国に暮らす我々は，健康にとりつかれるようになり，血圧やウエストのサイズ，血糖値を気にかけるようになっている。全広告の半分は健康関連 — つまり，ビタミンサプリメント，運動器具，すぐに体重を減らすカリキュラムである。全会話の半分は薬を飲む予定，医者からの指示，健康診断，誰がどんな病気や症候群を患っているかに関してである。率直に言うと，こういった健康についての会話は全て，非常に退屈である。このことは我々がどれだけ特権的であるのか — つまり，どれだけ甘やかされているかという印である。つまり，「自分のおなかが出ていなくて，与えられた 85 歳の寿命をまっとうできない限り，地球の半数以上の人々（多くが子供）が貧しく日常的に病気や発育不良，中世の寿命［中世の頃のように短い寿命］に苦しんでいることなどまったく気にしない！」と言っているようなものである。つまり，健康な市民で構成されている社会は健康な社会である。しかし，絶え間なく健康について話してばかりいる社会は，ええと，少しばかげており，少し病的である。

[2] よし，わめくのは十分だ［このくらいにしておこう］。発展途上地域における最大の致死病，マラリアや他のなおざりにされた熱帯病のようなもの，HIV，WHO（世界保健機構）が研究と財政支援の強化に取り組むと約束した，薬剤耐性結核についても，深く考えるのはやめよう。気が重くなりすぎる。何か別のことを話そう。例えば，肥満と，肥満が社会に与える結果［因果関係］について話そう。アメリカを例にとると，そこは世界で最も肥満者の割合が高い。このことがアメリカの医療制度と国全体の経済安定に重大な影響を与え，労働者の生産性の減少，欠勤，標準寿命より早い死によって将来の収入が失われるだけでなく，毎年の直接の医療費が何十億ドルにも達しているのだ。

[3] 社会として，肥満を防ぐために何ができるだろうか。デンマークのように，健康に良くないとみなされる食べ物に「脂肪税」を課したり，太っている人々を「悪い存在」としてペナルティを課すこともできる。肥満の子供を育てている親を「有罪とする」ことや，最近アメリカで行われているように，子供たちを親の元から引き離すこともできる。または，「やせている」人々がそう思いがちだが，肥満は必ずしも個人的な弱さや怠惰に関係するものではないと理解できる。誰も太りたいと本当に思っている人はいないことが理解できる。肥満は複雑な心理的・社会的問題であり，見下したり軽蔑して対処されるのではなく，思いやりと敬意を基にした政策やプログラムを通して対処されるべき問題であると理解できる。そしてもちろん，我々はみな食べるものや運動に注意して，「健康的な」体重を維持する努力をすることは可能である。しかし，常にそのことについて話してばかりいるのはやめられないだろうか。

［Reading 選択肢 / 日本語訳］

（1）先進国に住む人々が過度に気にかけているものとして述べられていない健康問題は ＿＿＿＿ である。

(A) 子供の発育不全

(B) 高血圧

(C) 肥満

(D) 血糖値

（2）第１段落の本旨は ＿＿＿＿ である。

(A) 広告は最近，健康についてばかりであるということ

(B) 健康は我々が考えるほど重要ではないということ

(C) 健康に関してあまりに関心を抱くことは健全なこだわりではないということ

(D) 健康は他のいかなるものよりも重要であるということ

（3）第２段落の下線が引かれた代名詞「This」は ＿＿＿＿ を表している。

(A) 一般的な肥満

(B) 世界で肥満の割合が高い

(C) アメリカが世界最高の肥満率を抱えているということ

(D) 肥満が社会へ与える影響

（4）第３段落において，エッセーの著者は ＿＿＿＿ ということを暗示している。

(A) 肥満の人たちをからかうことで，肥満を解決することはできない

(B) 肥満に対するデンマークの解決策が最も効果的である

(C) 体重を見ることは結局無意味である

(D) 肥満の人たちに厳しい罰を与えることが肥満問題への唯一の解決策である

（5）筆者が最も同意しそうなのは以下のどの陳述か。

(A) 健康を保つための唯一の方法は，定期的な運動をすることである。

(B) 肥満児を持つすべての親は，子供を失うはずである。

(C) 薬剤耐性結核は発展途上国において，もはや問題ではない。

(D) 肥満率を減らすことが，最も深刻な社会的かつ経済的問題のいくつかを減らす一助となるだろう。

[Listening / 解答と解説]

(1) T　(2) F　(3) F　(4) F　(5) T

(1) ①「多くのアメリカ人が肥満と苦闘する一方で，正反対の問題を抱える若い日本人女性の数が増加している」より，アメリカ人は肥満と，日本人はやせすぎと闘っていることがわかる。よって，T となる。

(2) ②「記録の 20 代女性の 29%が標準体重未満である」より，半数には達していないことがわかる。よって，F となる。

(3) ③「若い女性にはまだ深刻な健康問題のリスクはないが」より，より年齢を重ねたときに深刻な健康問題に発展する可能性があることがわかる。よって，F となる。

(4) ③「..... 次の 10 年間で 20%まで割合を減らすことを目標としている」より，目標はすべての若い女性ではないことがわかる。よって，F となる。

(5) ④「その問題を解決する具体的な計画はまだ厚生労働省にはないが，標準体重未満の女性は国の出生率に影響を与える可能性があり，すでに世界で最も低いうちの 1 つとなっている」より，女性のやせすぎと，出生率の低下に関して厚生労働省は因果関係があると考えていることがわかる。よって，T となる。

[Listening / 日本語訳]

① 多くのアメリカ人が肥満と苦闘する一方で，正反対の問題を抱える若い日本人女性の数が増加している。彼女たちはやせすぎで，腰のくびれを太くする必要がある。② 記録上 20 代女性の 29%が標準体重未満であると，日本の厚生労働省は述べている。③「若い女性にはまだ深刻な健康問題のリスクはないが，次の 10 年間で 20%まで割合を減らすことを目標としている」と，ある当局者は述べた。④ その問題を解決する具体的な計画はまだ厚生労働省にはないが，標準体重未満の女性は国の出生率に影響を与える可能性があり，すでに世界で最も低いうちの 1 つとなっているのだ。

(1) アメリカ人と日本人は異なる体重問題と闘っている。
(2) 20 代の日本人女性の半数以上がやせすぎである。
(3) 標準体重未満の女性らはすでに深刻な健康問題に苦しんでいる。
(4) 目標はすべての若い女性の腰のくびれを太くすることである。
(5) 女性らが「やせ」すぎているということは，日本で生まれる赤ん坊の数がはるかに減るということを意味すると，厚生労働省は考えている。

語彙リスト ------- Reading

[1]

- ☐ health (名) 健康
- ☐ these days (熟) 最近
- ☐ obvious (形) 明白な
- ☐ be worth Ving (熟) Vする価値がある
- ☐ healthy (形) 健康な
- ☐ developed world (熟) 先進国
- ☐ be obsessed with ～ (熟) ～にとりつかれている
- ☐ be preoccupied with ～ (熟) ～に気をとらわれている
- ☐ blood pressure (熟) 血圧
- ☐ blood-sugar level (熟) 血糖値
- ☐ health-related (形) 健康関連の
- ☐ supplement (名) サプリメント
- ☐ conversation (名) 会話
- ☐ pill-taking schedule (熟) 薬を飲む予定
- ☐ order (名) 命令、順番、秩序、注文
- ☐ medical check-up (熟) 健康診断
- ☐ illness (名) 病気
- ☐ syndrome (名) 症候群
- ☐ frankly (副) 率直に言うと
- ☐ huge (形) 莫大な
- ☐ bore (名) 退屈なもの
- ☐ privileged (形) 特権のある
- ☐ spoil (動) 甘やかす
- ☐ struggle with ～ (動) ～と闘う
- ☐ medieval (形) 中世のような
- ☐ life span (熟) 寿命
- ☐ as long as S V (接) SがVする限り
- ☐ flat (形) 平らな
- ☐ tummy (名)《幼児語》おなか
- ☐ allot (動) 割り当てる
- ☐ let me put it this way (熟) つまり
- ☐ incessantly (副) 絶え間なく
- ☐ absurd (形) ばかばかしい

[2]

- ☐ rant (動) わめく
- ☐ developing world (熟) 発展途上国
- ☐ killer disease (熟) 命にかかわる病気
- ☐ malaria (名) マラリア
- ☐ neglect (動) 無視する
- ☐ drug-resistant (形) 薬剤耐性の
- ☐ tuberculosis (名) 結核
- ☐ pledge to V原 (熟) Vすることを堅く約束する
- ☐ stepped-up (形) 強化された
- ☐ funding (名) 資金提供
- ☐ depressing (形) 気の滅入るような
- ☐ obesity (名) 肥満
- ☐ , say, (熟) 例えば
- ☐ consequences (名) 結果
- ☐ have an impact on ～ (熟) ～に影響を与える
- ☐ significant (形) 重要な
- ☐ health-care system (熟) 医療制度
- ☐ overall (形) 全体の
- ☐ economic (形) 経済の
- ☐ well-being (熟) 良い状態

- □ amount to ～ （動）総計～に達する
- □ billions of ～ （熟）何十億もの～
- □ annually （副）毎年
- □ direct （形）直接の
- □ medical cost （熟）医療費
- □ A as well as B （熟）B だけでなく A も
- □ decrease （動）減少させる
- □ productivity （名）生産性
- □ absenteeism （名）欠勤
- □ income （名）収入

[3]

- □ society （名）社会
- □ prevent （動）防ぐ
- □ impose A on B （熟）B に A を課す
- □ consider O C B （熟）O を C とみなす
- □ unhealthy （形）健康に良くない
- □ the fat （熟）太っている人々
- □ penalize （動）ペナルティを課す
- □ criminalize （動）有罪とする
- □ take A away from B （熟）A を B から連れ去る
- □ case （名）場合
- □ realize （動）はっきり理解する
- □ weakness （名）弱さ
- □ laziness （名）怠惰
- □ thin （形）やせている
- □ complex （形）複雑な
- □ psychological （形）心理的な
- □ deal with ～ （熟）～を対処する
- □ not A but B （熟）A ではなくて B
- □ condescension （名）見下すこと
- □ contempt （名）軽蔑
- □ policy （名）政策
- □ compassion （名）思いやり
- □ respect （名）敬意
- □ maintain （動）維持する
- □ all the time （熟）常に

語彙リスト ------- Listening

- □ struggle with ～ （熟）～と苦闘する
- □ a growing number of ～ （熟）～の増加
- □ opposite （形）正反対の
- □ skinny （形）やせこけた
- □ need to V 原 （熟）V する必要がある
- □ expand （動）広げる
- □ waistline （名）腰のくびれ
- □ The Health Ministry （熟）厚生労働省
- □ underweight （形）標準体重未満の
- □ serious （形）深刻な
- □ make it a goal to V 原 （熟）V することを目標とする
- □ reduce （動）減らす
- □ decade （名）10 年間
- □ official （名）当局者，公務員
- □ concrete （形）具体的な
- □ concern （動）関係する
- □ affect （動）影響する
- □ nation （名）国

Read the following passage and choose the best word or phrase from among the four choices to fill each gap. 12

Difficult people come in all shapes and sizes. Some can make us angry and aggressive, even though we might normally be calm and even-tempered. Others can make us feel foolish, or useless, or dejected. And that's their (1): to provoke and hurt. Of course, such people are "not all there." They have emotional problems that lead them to try to boost their self-esteem by nagging or bullying or being judgmental and making others feel small and unimportant. Experts often attempt to (2) difficult people into different types. Some say there are as many as ten types, some only four or five. But here, let's just take a look at the three most common.

First, there's THE HOSTILE. Hostiles are cynical, irritable, highly demanding. They shout and scream a lot. They blame others for everything, and can't see their own faults. They insist they are right, and hate to be proven (3). They love to make fun of people in public. Some hostiles can be the "passive aggressive" type who bully by using "tricks" like sarcasm, procrastination (putting things off), or exclusion (treating people as if they were invisible). Handling hostiles, says *Psychology Today*, requires confronting them head on, but calmly and professionally, and never out in the open, because a hostile will never "back down in front of an audience." When you do confront the bully, tell him or her that his or her behavior is unacceptable and specify exactly how you want to be treated.

At the other end of the difficult-person scale is THE NEUROTIC. These people are unhappy, anxious, easily offended. They are pessimistic and fret over everything. This makes them especially "toxic," says psychologist Katerina Bezrukova of Santa Clara University, because they are "naysayers" who are so worried about things going wrong that they disagree with and nearly always (4) others' plans and ideas. They stir up our doubts and erode our confidence. They breed discouragement. Frankly speaking, says Bezrukova, neurotics are almost impossible to deal with, because they don't realize how difficult they are. The best you can do is to try to calmly understand their perspective but not be swayed by it.

This, essentially, is what psychologist Harriet Lerner says in her new book, *Relationship Rules*. Dealing with any difficult person requires us to be calm and rational. We have to look at our own emotional "(5)" and try to understand why a particular type of difficult person gets to us so easily: why, in fact, such a person has chosen us as victim. Being patient and knowing yourself, says Lerner, "enables you to listen well and understand what the other person is saying, and to respond with clarity." And we shouldn't just dismiss people as difficult, says Lerner. "Once you write someone off as impossible, you are likely to miss all the good points the person might be making." Easier said than done, that's for sure.

Choose the best answer to complete each sentence below.

(1) (A) defense (B) exception
(C) goal (D) knowledge

(2) (A) define (B) classify
(C) illustrate (D) describe

(3) (A) false (B) true
(C) correct (D) wrong

(4) (A) imitate (B) accept
(C) assist (D) reject

(5) (A) issues (B) beliefs
(C) systems (D) desires

解答欄

1.	2.	3.	4.	5.

Listen to the short talk and read the sentences below.
Circle T if the sentence is true, F if it is false.

CD 13

(1) Miss Iguchi was a Nisei who had been working in the company a long time when the narrator arrived.
(2) Miss Iguchi was jealous because she couldn't speak Japanese at all.
(3) The narrator hadn't been to university, which is why Miss Iguchi didn't like him.
(4) The narrator implies that Miss Iguchi didn't really forget to give him important information.
(5) he narrator finally realized that he really was stupid and "low class."

解答欄

(1) T F　(2) T F　(3) T F　(4) T F　(5) T F

Dictation Exercise

CD 13

音声を聞いて、次の空欄に当てはまる語（句）を書き取りなさい。

① The most difficult person I have ever met was a woman named Miss Iguchi whom I worked with for a short time about 30 years ago. ② It was in New York City, and ______________________________ where Miss Iguchi, a Nisei, ______________________ as a secretary and interpreter. ③ It was my first job as a "salaryman," and I was eager to please everyone and do a good job. ④ But Miss Iguchi didn't like me from the start. ⑤ Frankly speaking, ______________________, and I think she saw me as a threat to her position in the company. ⑥ The older men in the office also liked to chat with me and often invited me out for drinks and sushi after work. ⑦ I think this made her jealous. ⑧ Of course, she never told me that she didn't like me; but she let others know, behind my back. ⑨ She told everyone in the office, men and women, Japanese and American, that I was "low class." ⑩ ______________________ (the University of Washington), she complained, and not a prestigious school like Harvard or Yale. ⑪ I didn't dress properly, she said, and I was too fat and too cheerful. ⑫ She avoided me whenever possible and ______________________________ or to pass on important company information to me. ⑬ If I asked her a question or for her help, she looked at me as if I was stupid and said she was too busy. ⑭ Well, I was young and self-conscious, and Miss Iguchi's "toxic" attitude really hurt me. ⑮ She made me feel like an idiot, as if I wasn't good enough for the job, or for her. ⑯ Eventually, the stress got to me. ⑰ I started having headaches and ________________________ each morning. ⑱ ____________ ________________ and avoided my co-workers. ⑲ I would even sneak a beer or two at lunch to calm my nerves. ⑳ In the end, I quit the job after only six months.

Script

リスニング問題の完全スクリプトです。何度もシャドーイングして、身につけよう！

① The most difficult person I have ever met was a woman named Miss Iguchi whom I worked with for a short time about 30 years ago. ② It was in New York City, and I had just started working for a large Japanese company where Miss Iguchi, a Nisei, had been working for many years as a secretary and interpreter. ③ It was my first job as a "salaryman," and I was eager to please everyone and do a good job. ④ But Miss Iguchi didn't like me from the start. ⑤ Frankly speaking, my Japanese was better than hers, and I think she saw me as a threat to her position in the company. ⑥ The older men in the office also liked to chat with me and often invited me out for drinks and sushi after work. ⑦ I think this made her jealous. ⑧ Of course, she never told me that she didn't like me; but she let others know, behind my back. ⑨ She told everyone in the office, men and women, Japanese and American, that I was "low class." ⑩ I had only gone to a state university (the University of Washington), she complained, and not a prestigious school like Harvard or Yale. ⑪ I didn't dress properly, she said, and I was too fat and too cheerful. ⑫ She avoided me whenever possible and conveniently "forgot" to tell me about meetings or to pass on important company information to me. ⑬ If I asked her a question or for her help, she looked at me as if I was stupid and said she was too busy. ⑭ Well, I was young and self-conscious, and Miss Iguchi's "toxic" attitude really hurt me. ⑮ She made me feel like an idiot, as if I wasn't good enough for the job, or for her. ⑯ Eventually, the stress got to me. ⑰ I started having headaches and feeling sick on the way to work each morning. ⑱ I began making careless mistakes and avoided my co-workers. ⑲ I would even sneak a beer or two at lunch to calm my nerves. ⑳ In the end, I quit the job after only six months.

[Reading / 解答と解説]

1. (C)　　2. (B)　　3. (D)　　4. (D)　　5. (A)

(1)「そして，それが彼らの（　1　）なのである。つまり，怒らせること，傷つけることである」が文意。前文までが「我々を攻撃的にさせる者がいる＝怒らせること」「我々を落ち込ませるような者もいる＝傷つけること」の流れになっていることから，怒らせることや傷つけることが，扱いが難しい人たちがそのような行動を起こす「理由・目的」であることが読み取れる。よって，(C) が正解となる。

(2)「専門家らはしばしば，扱いが難しい人を様々なタイプに（　2　）ことを試みている」が文意。続く次の文に「10 ものタイプがあるという者もいれば，４つか５つのタイプしかないという者もいる」とあるため，タイプの分類を試みていることが読み取れる。よって，(B) が正解となる。

(3)「彼らは自分が正しいと主張し，自分が（　3　）であることをはっきり示されるのが嫌いである」が文意。ここで and に注目。「A and B」の A と B は同じ形，同じイメージを持つ内容になるのが基本。よって,「A:自分が正しいと主張する」と同じイメージになるため,「B：自分が正しい＝自分が間違いであることを示されるのが嫌い」のような内容となればよい。よって，(D) が正解となる。

(4)「というのも，状況が悪化することについて心配するあまり，他者の計画や考えに賛成できず，ほぼ必ずと言っていいほど（　4　）『いつも反対する人』だからである」が該当箇所を含む because 以下の文意。ここでも and に注目。（３）と同様に，「A：他者の計画や考えに賛成できない」と同じマイナスイメージになるため，「B：賛成できない＝必ずと言っていいほど反対する［拒絶する］」のような内容となればよい。よって，(D) が正解となる。

(5)「我々は自分自身の感情的な『(　5　)』に目を向け，なぜ特定のタイプの扱いの難しい人がこんなに簡単に自分に近づいてくるのか .....」が文意。つまり，「特定のタイプの人が自分に近づくマイナスの理由［問題点］に目を向け」という流れが読み取れるため，(A) が正解となる。また，直前の文「扱いが難しい人と接するには，落ち着いて理性的になることが必要である」より，「自分自身の感情的な『(５)』に目を向け」は，落ち着いて理性的であるときに行う行動であることもわかる。

［Reading / 日本語訳］

[1] 扱いが難しい人は多種多様である。我々が普段は穏やかで落ち着いていても，中には我々を立腹させ，攻撃的にさせる者がいる。中には自分たちは愚かである，無益な人間であると思わせ，落ち込ませるような者もいる。そして，それが彼らの目的なのである。つまり，怒らせること，傷つけることである。もちろん，そのような人々は「どうかしている」のだ。彼らはがみがみ言ったり，いじめたり，一方的に決めつけたりし，他者に自分はちっぽけで取るに足らないと感じさせることによって，自尊心を高めようとしてしまうという，情緒的な問題を抱えている。専門家らはしばしば，扱いが難しい人を様々なタイプに分類しようと試みている。10 ものタイプがあるという者もいれば，４つか５つのタイプしかないという者もいる。しかしここでは，２つの最も一般的なタイプを見てみよう。

[2] まず，敵意型［敵意を持った人タイプ］がある。敵意型の人は，意地悪で，怒りっぽく，他人への要求が非常に多い。彼らは叫んだり金切り声を上げることが多い。彼らはあらゆることで他人を責め，自分自身の欠点に気付くことができない。彼らは自分が正しいと主張し，自分が間違いであることをはっきり示されるのが嫌いである。彼らは人前で他者をからかうのが大好きである。敵意型の中には，皮肉，先送り（物事を引き延ばすこと），排除（まるで人が見えていないかのように扱うこと）のような「策略」を使うことでいじめをする「受動的攻撃」タイプの者もいる。雑誌『*Psychology Today*』によると，敵意型の人を扱うには，正面から，しかし落ち着いて専門家のごとく，そして、決して公の場ではないところで向かい合う必要があるという。なぜなら敵意型の人は決して「人前では引かない」からである。あなたがいじめる人に本当に立ち向かうときには，その人のふるまいは容認できないことを伝え，自分がどのように扱われたいのかを正確にはっきりと伝えよう。

[3] 扱いが難しい人の対極にあるのが，神経症型である。これらの人々は不幸せ感，不安感があり，すぐに怒る。彼らは悲観的で，何事に対しても悩む。Santa Clara 大学の心理学者 Katerina Bezrukova によれば，このことが彼らを特に「(他者に対して）有毒な（存在)」にしてしまうのだという。というのも，状況が悪化することについて心配するあまり，他者の計画や考えに賛成できず，ほぼ必ずと言っていいほど拒絶する「いつも反対する人」だからである。彼らは我々の疑いをかきたて，信頼を次第に壊すのだ。彼らはやる気を失わせてしまうのだ［がっかりすることを育てるのだ］。率直に言って，Bezrukova によれば，神経症の人を扱うのはほぼ不可能ということである。というのも，彼らは自分たちがいかに扱いにくいかを理解していないからである。できることと言えば，彼らの視点を落ち着いて理解しようとしながら，その視点に左右されないことだけである。

[4]　これは本来，心理学者の Harriet Lerner が自身の新しい著書『*Relationship Rules*』で書いていることである。扱いが難しい人と接するには，落ち着いて理性的になることが必要である。我々は自分自身の感情的な「問題」に目を向け，なぜ特定のタイプの扱いの難しい人がこんなに簡単に自分に近づいてくるのか，つまり，なぜそのような人が実際に自分を犠牲者に選んだのかを理解しようとしなければならない。Lerner によれば，忍耐強くあり，自分自身を知ることで，「あなたは他の人が言っていることをよく聞いて理解することができるようになり，はっきりと対応することができるようになる」という。そして，我々は人々を扱いが難しい人として単に片づけてしまうべきではないとも Lerner は述べている。「一度誰かをつきあえない人と見なしてしまうと，その人が主張する価値のあることも見逃してしまうことがある。」言うは易く行うは難し，確かにその通りである。

[Reading 選択肢 / 日本語訳]

(1) (A) 防御 (B) 例外
(C) 目的 (D) 知識

(2) (A) 定義する (B) 分類する
(C) 説明する (D) 描写する

(3) (A) 誤った (B) 真実の
(C) 正しい (D) 間違い

(4) (A) まねる (B) 受け入れる
(C) 助ける (D) 拒絶する

(5) (A) 問題 (B) 信条
(C) 制度 (D) 要望

[Listening / 解答と解説]

(1) T (2) F (3) F (4) T (5) F

(1) ②「それはニューヨークでのことで，２世のイグチさんが秘書兼通訳として長年働いていた日系の大企業で，私が働き始めたばかりであった」より，T となる。

(2) ⑤「..... 私の日本語は彼女よりうまかったので，彼女は私が会社で彼女の地位を脅かすとみなしたのだと思う」より，イグチさんは日本語が話せたことがわかる。よって，F となる。また，②「..... イグチさんが秘書兼通訳として長年働いていた .....」の部分から F を選んだ場合は注意。「通訳」ではあるが，それが日本語とは限定できないため，回答の根拠としては不適切。

(3) ⑩「私が ..... 州立大学（ワシントン大学）しか行っていなかった .....」より，語り手は大学へ行っていたことがわかる。よって，F となる。また，イグチさんが語り手を好きではなかった理由は④〜⑦で推測されている。

(4) ⑫「..... 重要な会社の情報を私に伝えるのを都合よく「忘れた」のだった」より，意図的に伝えていなかったと語り手は思っていることがわかる。よって，T となる。

(5) 本文でこのような内容は述べられていない。よって，F となる。また，⑮「.....（自分が）馬鹿であるように感じた」とあるが，続く文ではそれがストレスとなり，体調を崩したことなどが述べられている。つまり，「自分が馬鹿である」ということを受け入れていない［理解していない］ことはわかる（「下層階級」については述べられていない）。

[Listening / 日本語訳]

① 私が今までに出会った中で最も扱いの難しい人は，イグチさんという名前で，30年ほど前に短期間，私が一緒に働いた女性だった。② それはニューヨークでのことで，2世のイグチさんが秘書兼通訳として長年働いていた日系の大企業で，私が働き始めたばかりであった。③ それは私の「サラリーマン」としての初めての職であり、皆を喜ばせよう、いい仕事をしようと意欲的になっていた。④ しかし，イグチさんは最初から私のことが好きではなかった。⑤ 率直に言って，私の日本語は彼女よりうまかったので，彼女は私が会社で彼女の地位を脅かすとみなしたのだと思う。⑥ 職場で年上の男性も私と話すことを好んでくれたし，よく仕事の後に酒を飲んだり寿司を食べに誘ってくれた。⑦ このことが彼女を嫉妬させたのだと私は思う。⑧ もちろん,彼女は決して私に対して嫌いだとは言わなかったが，他の人には影で（私が嫌いだと）知らせていたのだ。⑨ 彼女は職場のみんなに，それが男性でも女性でも，日本人でもアメリカ人でも，私のことを「下層階級の（人間）」と話していた。⑩ 私がハーバード大学やエール大学のような名門校ではなく、州立大学（ワシントン大学）しか行っていなかったと，彼女は文句を言った。⑪ 私がきちんとした服装をしていないし，太りすぎだし，明るすぎると彼女は言った。⑫ 彼女は可能な限り私を避け，会議のことを私に伝えることや，重要な会社の情報を私に伝えるのを都合よく「忘れた」のだった。⑬ 私が彼女に質問をしたり，助けを求めたりすれば，まるで私が愚かであるかのような視線を送ったり，非常に忙しい（から手伝えない）と言われた。⑭ ええと，私は若く，自意識が強かったので，イグチさんの「毒のある」態度は本当に私を傷つけた。⑮ 彼女のせいで，まるで自分がその仕事や彼女にふさわしくない，馬鹿であるかのように感じた。⑯ ついに，ストレスが私に影響を与えだした。⑰ 頭痛がするようになり，毎朝仕事へ向かう途中気分が悪くなり始めた。⑱ 私はケアレスミスをし始め，同僚を避けた。⑲ 気持ちを落ち着かせるために，ランチにビールを1，2本こっそり持ち込んだりもした。⑳ 結局，わずか6か月後にその仕事を辞めた。

(1) 語り手が到着したとき，イグチさんはその会社で長い間ずっと働いていた2世だった。
(2) イグチさんは日本語を全く話すことができないので嫉妬した。
(3) 語り手は大学へ行っていなかったため，イグチさんは彼が好きではなかった。
(4) イグチさんは彼に重要な情報を伝えることを本当は忘れていなかったと語り手は示唆している。
(5) 自分は本当に愚かで「下層階級」だと語り手は最終的に理解した。

語彙リスト ------- Reading

[1]

- ☐ come in all shapes and size （熟）千差万別である
- ☐ make O C （熟）O を C にする
- ☐ aggressive （形）攻撃的な
- ☐ normally （副）普通は
- ☐ calm （形）穏やかな
- ☐ even-tempered （形）落ち着いた
- ☐ foolish （形）愚かな
- ☐ useless （形）役に立たない
- ☐ objected （形）落胆した
- ☐ goal （名）目的
- ☐ provoke （動）怒らせる
- ☐ hurt （動）傷つける
- ☐ be not all there （熟）どうかしている
- ☐ emotional （形）情緒的な
- ☐ lead ～ to V 原 （熟）～が V するよう仕向ける
- ☐ boost （動）高める
- ☐ self-esteem （名）自尊心
- ☐ nag （動）がみがみ言う
- ☐ bully （動）いじめる （名）いじめる人
- ☐ judgmental （形）簡単に決めつける
- ☐ expert （名）専門家
- ☐ attempt to V 原 （熟）V することを試みる
- ☐ classify （動）分類する
- ☐ as many as ～ （熟）～も
- ☐ take a look at ～ （熟）～を見る
- ☐ common （形）一般的な

[2]

- ☐ hostile （名）敵意を持った人
- ☐ cynical （形）意地悪な
- ☐ irritable （形）怒りっぽい
- ☐ demanding （形）わがままな
- ☐ shout （動）叫ぶ
- ☐ scream （動）金切り声を出す
- ☐ blame （動）責める
- ☐ fault （名）欠点
- ☐ insist （動）主張する
- ☐ hate to V 原 （熟）V するのを嫌う
- ☐ prove O C （熟）O が C であるとはっきり示す
- ☐ make fun of ～ （熟）～をからかう
- ☐ in public （熟）人前で
- ☐ passive （形）受動的な
- ☐ trick （名）策略
- ☐ sarcasm （名）皮肉
- ☐ procrastination （名）先送り
- ☐ put off （熟）延期する
- ☐ exclusion （名）排除
- ☐ treat （動）扱う
- ☐ invisible （形）見えない
- ☐ handle （動）扱う
- ☐ confront （動）向かい合う
- ☐ head on （熟）正面から
- ☐ calmly （副）落ち着いて
- ☐ professionally （副）専門的に
- ☐ audience （名）聴衆
- ☐ do V 原 （熟）本当に V する
- ☐ behavior （名）ふるまい
- ☐ unacceptable （形）容認できない
- ☐ specify （動）明細に述べる

[3]

- ☐ at the other end of a scale （熟）対極に
- ☐ neurotic （名）神経症の人
- ☐ be offended （動）怒る
- ☐ pessimistic （形）悲観的な
- ☐ fret over （熟）悩む
- ☐ especially （副）特に
- ☐ toxic （形）有毒な
- ☐ psychologist （名）心理学者
- ☐ naysayer （名）いつも反対する人
- ☐ so ... that S V （熟）非常に…なので S は V する

- □ disagree with ～ （熟）～と意見が合わない
- □ reject （動）拒絶する
- □ stir up （熟）かきたてる
- □ doubt （名）疑い
- □ erode （動）次第に壊す
- □ confidence （名）信頼
- □ breed （動）育てる
- □ discouragement （名）がっかりさせること
- □ frankly speaking （熟）率直に言って
- □ realize （動）はっきり理解する
- □ the best you can do is to V原 （熟）できることと言えばVすることだけだ
- □ perspective （名）視点
- □ sway （動）左右する

[4]

- □ essentially （副）本来
- □ rational （形）理性的な
- □ emotional （形）感情的な
- □ issue （名）問題
- □ in fact （熟）実際に
- □ victim （名）犠牲者
- □ patient （形）忍耐強い
- □ S enable ～ to V原 （熟）Sのおかげで～はVできる
- □ respond （動）応ずる
- □ clarity （名）明快さ
- □ dismiss （動）さっさと片づける
- □ write A off as B （熟）AをBとみなす
- □ be likely to V原 （熟）Vしそうである
- □ make the point （熟）主張する
- □ Easier said than done. （熟）《ことわざ》言うは易く行うは難し。
- □ that's for sure （熟）確かにその通り

語彙リスト ------- Listening

- □ secretary （名）秘書
- □ interpreter （名）通訳
- □ be eager to V原 （熟）Vするのに意欲的である
- □ please （動）喜ばせる
- □ see A as B （熟）AをBとみなす
- □ threat （名）脅威
- □ chat with ～ （熟）～とおしゃべりをする
- □ jealous （形）嫉妬して
- □ let ～ know （熟）～に知らせる
- □ behind one's back （熟）陰で
- □ low class （熟）下層階級の
- □ state university （熟）州立大学
- □ complain （動）文句を言う
- □ prestigious school （熟）名門校
- □ dress （動）服を着る
- □ properly （副）きちんと
- □ cheerful （形）明るい
- □ avoid （動）避ける
- □ conveniently （副）都合よく
- □ pass on （熟）伝える
- □ stupid （形）愚かな
- □ self-conscious （形）自意識過剰の
- □ attitude （名）態度
- □ hurt （動）傷つける
- □ idiot （名）馬鹿
- □ eventually （副）ついに
- □ get to ～ （熟）（人）に影響を与える
- □ on the way to ～ （熟）～へ向かう途中
- □ careless mistake （熟）ケアレスミス
- □ co-worker （名）同僚
- □ sneak （動）こっそり持ち込む
- □ in the end （熟）結局は
- □ quit （動）辞める

Read the following passage and answer the question. 14

Let's face facts: for those of us who live in the developed nations, the fact that we can even think about pursuing happiness, health, success, and longevity is a luxury, something we should feel very lucky and, yes, happy about. Relatively speaking, we have nothing to complain about. So keeping that in mind ...

The concept of happiness is (1) to pin down. To philosophers, it means living a "good," i.e., moral life. Economists assert it depends on income level. Psychologists define it as having a healthy mind. Spiritual leaders say it comes from inner peace. Wikipedia defines happiness as "a mental or emotional state of well-being characterized by positive or pleasant emotions ranging from contentment to intense joy."

The OECD's (Organisation for Economic Co-operation and Development) annual "happiness poll" rates developed nations according to their level of "life satisfaction." People in each country are asked to rate their lives based on several criteria: health, employment, education, life expectancy. But it is another criterion—personal economic prosperity—that appears to be the strongest factor in most people's overall life satisfaction. (2), money can buy happiness after all. But can it really? Elizabeth Dunn and Michael Norton, authors of *Happy Money: The Science of Smarter Spending*, don't think so. It's not how much money you have that really matters, they say, but how you spend it. "People get more happiness from buying experiences than from buying material things," they wrote recently in the Los Angeles Times. "Experiential purchases—trips, concerts, special meals—are more deeply connected to our sense of self." Experiences have an added perquisite: they bring us closer to other people and allow us to do things for them. "Spending even just a few dollars on someone else provides more happiness than using the cash to treat yourself." University of Illinois psychologist Ed Diener sums it up tersely: "Materialism is toxic for happiness."

Dr. Diener is part of what the *USA Today* calls a "burgeoning positive psychology" movement whose research findings can be read as a handy guide to happiness. The happiest people spend the least time alone, surrounding themselves with friends and family. They keep themselves busy by engaging in absorbing activities that allow them to use their "signature strengths," lose track of time, forget themselves, live in the here and now. They don't care about competing with others—about "keeping up with the Joneses"—and practice altruism instead. They feel gratitude for what they have, "savor even the small pleasures," and don't hold grudges: they know how to forgive and forget. They recover quickly from bad things, says Harvard University psychologist Daniel Gilbert, because they are "a bit more humble and a bit more brave."

Choose the best word or phrase from among the four choices to fill each gap.

(1) (A) tempting (B) difficult
(C) necessary (D) conventional

(2) (A) On the contrary (B) Nevertheless
(C) In addition (D) In other words

Choose the best answer to complete each sentence below.

(3) It can be inferred that the author [ ].
(A) never complains about his life
(B) doesn't ever think about pursuing happiness
(C) wants readers to be aware of their good fortune
(D) realizes that he will never be able to afford luxuries

(4) What is mentioned about the OECD poll is [ ].
(A) how countries are rated for the life satisfaction of their populations
(B) how the poll was conducted
(C) which country was found the world's happiest
(D) its advice for recovering quickly from negative experiences

(5) Dunn and Norton and the positive psychology movement would most likely agree that [ ].
(A) doing things for others is a crucial factor in personal happiness
(B) money has very little to do with life satisfaction
(C) life's smallest pleasures are the only true keys to happiness
(D) the more things we buy and possess, the happier we will be

解答欄

1.	2.	3.	4.	5.

Listen to the short talk and read the sentences below.
Circle T if the sentence is true, F if it is false.

CD 15

(1) T.M. Luhrmann implies that science has been studying or researching religion in recent years.
(2) T.M. Luhrmann suggests that atheists who don't believe in God or a "higher power" should start to do so and start going to church regularly.
(3) People seem to naturally become more content as they grown older.
(4) Dr. Clay Routledge says that facing death head on and thinking about it seriously are good ways to increase self-esteem and give life meaning.
(5) Too much nostalgia or reminiscing is not good for us.

解答欄

(1) T F　(2) T F　(3) T F　(4) T F　(5) T F

Dictation Exercise

音声を聞いて、次の空欄に当てはまる語（句）を書き取りなさい。

CD 15

① The media are full of advice about ________________. ② Stanford anthropologist T.M. Luhrmann, in a *Herald Tribune* editorial, says that ________ ____ in the past few years is that going to church each week is good for you. ③ It boosts the immune system, lowers blood pressure, and increases longevity by two or three years. ④ The reason is not so much religious or spiritual as social. ⑤ Going to church regularly gives you a close-knit support group, people who will look out for you when you need help or encouragement. ⑥ But if you're an atheist and don't believe in God or any other "higher power," _____________ __________________________________. ⑦ But growing older is, or so says a study published in the journal *Psychological Science*. ⑧ Researchers found that ____ over everyone's lifetime. ⑨ So __________________________________ as we get older. ⑩ But wait: the older we get, the closer we come to death, which is not a happy thought at all. ⑪ So then what do we do? ⑫ Perhaps we should look the other way. ⑬ Reminiscing about the past, says a recent BBC report, is a good way to cheer up. ⑭ ________, says Clay Routledge, a psychology professor at North Dakota State University, __ "_________________________" ⑮ Looking back at old times improves mood, increases self-esteem, and strengthens social relations. ⑯ "And nostalgia," Dr. Routledge told the BBC, "is a way for us to tap into past experiences to remind us that our lives are worthwhile, that we are happy and that life has some sense of purpose and meaning." ⑰ But there's a limit, warns Dr. Routledge. ⑱ If ______________________________ ____________, we simply "are not going to be prepared for the future socially or emotionally."

Script

リスニング問題の完全スクリプトです。何度もシャドーイングして、身につけよう！

① The media are full of advice about how to be happy. ② Stanford anthropologist T.M. Luhrmann, in a *Herald Tribune* editorial, says that one of the most important scientific discoveries about religion in the past few years is that going to church each week is good for you. ③ It boosts the immune system, lowers blood pressure, and increases longevity by two or three years. ④ The reason is not so much religious or spiritual as social. ⑤ Going to church regularly gives you a close-knit support group, people who will look out for you when you need help or encouragement. ⑥ But if you're an atheist and don't believe in God or any other "higher power," attending Sunday church service is not an option. ⑦ But growing older is, or so says a study published in the journal *Psychological Science*. ⑧ Researchers found that contentment and well-being naturally increase over everyone's lifetime. ⑨ So we can look forward to growing happier as we get older. ⑩ But wait: the older we get, the closer we come to death, which is not a happy thought at all. ⑪ So then what do we do? ⑫ Perhaps we should look the other way. ⑬ Reminiscing about the past, says a recent BBC report, is a good way to cheer up. ⑭ Nostalgia, says Clay Routledge, a psychology professor at North Dakota State University, is "good psychological medicine." ⑮ Looking back at old times improves mood, increases self-esteem, and strengthens social relations. ⑯ "And nostalgia," Dr. Routledge told the BBC, "is a way for us to tap into past experiences to remind us that our lives are worthwhile, that we are happy and that life has some sense of purpose and meaning." ⑰ But there's a limit, warns Dr. Routledge. ⑱ If we spend too much time thinking about the past, we simply "are not going to be prepared for the future socially or emotionally."

[Reading / 解答と解説]

1. (B)　　2. (D)　　3. (C)　　4. (A)　　5. (A)

(1)「幸福という概念をはっきりと説明するのは（　1　）」が文意。続く文では，哲学者にとっての幸福，経済学者にとっての幸福，心理学者にとっての幸福，宗教指導者にとっての幸福，ウィキペディア［インターネット百科事典］による幸福の定義などが列挙されており，幸福には様々な解釈があるという流れになっていることがわかる。つまり，幸福をはっきりと説明するのは困難であるという流れになると考えられるため，(B) が正解となる。

(2) 接続語句選択は前後の文関係に注目する。「... もう 1 つの基準－個人の経済的豊かさ－である。（　2　），結局お金があれば幸せは買えるのだ」が文意。前文で述べられた「経済的豊かさ」という抽象的な表現を，空所後では「お金がある」という具体的な表現で言い換えている流れとなっている。よって，(D) が正解と判断できる。

(3) 第 1 段落は「事実に向き合おう」という読者に対する呼びかけで始まり，以降で，その事実とは「自分は幸福である」ということであることが判明する流れとなっている。よって，(C) が正解となる。

(4) OECD の世論調査については第 3 段落で述べられている。2 文目「各国の国民は，健康・仕事・教育・平均余命といった，いくつかの基準に基づいて自分たちの生活を評価するよう求められる」より，(A) が正解となる。

(5) Dunn と Norton に関しては第 3 段落で述べられている。彼らはお金の使い方が幸福に結びつくと考えており，10 文目では「自分のためにお金を使うよりも，たとえほんの数ドルでも他者のために使う方が，より多くの幸福を与えてくれる」と述べている。よって，他者のための行為が自分の幸せにつながることが読み取れる。また，前向き心理学運動に関しては第 4 段落で述べられている。そこでは，一人ではなく，他者と過ごす時間が幸福につながることが述べられている。よって，(A) が正解と考えられる。

［Reading / 日本語訳］

[1] 事実に向き合おう。先進国で暮らす我々にとって，幸福・健康・成功・長寿を追い求めることについて考えることさえできるという事実は，贅沢であり，とても幸運で，そう，幸福だと感じるべきことである。相対的に言えば，我々は不満に思うことなど何もないのだ。だから，そのことを心に留めることで…

[2] 幸福という概念をはっきりと説明するのは難しい。哲学者にとって，幸福は「よい」，つまり，品行方正な生活を送ることを意味する。経済学者は幸福は収入水準次第であると主張する。心理学者は，幸福を健全な心を持っていることだと定義する。宗教指導者は，幸福は心の内の平和から生じるという。ウィキペディア［インターネット百科事典］は，幸福を「満足から強烈な喜びに及ぶ，前向きで感じのよい感情によって特徴づけられた心や感情の幸福状態」と定義している。

[3] OECD（Organisation for Economic Co-operation and Development：経済協力開発機構）の年に 1 度の「幸福度調査」は，「生活満足度」に従って先進国が評価されている。各国の国民は，健康・仕事・教育・平均余命といった，いくつかの基準に基づいて自分たちの生活を評価するよう求められる。しかし，大部分の人々の全般的な生活満足度における最も強い要因であると思われるのが，もう 1 つの基準 — 個人の経済的豊かさ — である。言い換えると，結局お金があれば幸せは買えるのだ。しかし，それは本当だろうか。『*Happy Money: The Science of Smarter Spending*』の著者，Elizabeth Dunn と Michael Norton はそうは思っていない。本当に重要なのは，どのくらいお金を持っているかではなく，どうやってお金を使うかであると彼らは言う。「人は物を買うよりも経験を買う方がより多くの幸福感を得る」と，彼らはつい最近，*Los Angeles Times* 紙の中で記している。「旅行・コンサート・特別な食事といった経験を買うことは自己意識とより深くつながっているのである。」経験には別の特典がある。つまり，経験することによって我々は他者により近づき，他者のために何かすることができるようになる。「自分のためにお金を使うよりも，たとえほんの数ドルでも他者のために使う方が，より多くの幸福を与えてくれる。」Illinois 大学の心理学者 Ed Diener は以下のように簡潔にまとめている。「物質主義は幸福にとって有毒である」と。

[4] Diener 博士は，*USA Today* 紙が「急成長する前向き心理学」運動と呼ぶものの一員であり，その運動の研究結果は幸福への便利な案内書として読むことが可能である。最も幸せな人々は，一人で過ごす時間が最も少なく，家族や友人に囲まれて過ごす。彼らは自分の「特徴的な強さ」を活用することができ，時間や自分のことを忘れ，今この場を生きることのできる活動に夢中になって取り組むことで，いつも自らを忙しくしている。彼らは他人と競争すること — つまり，「周囲の人に遅れをとらないようについていくこと」— に関心がなく，その代わりに，利他的な行動をとる。彼らは自分の持っているものに感謝し，「小さな喜びさえも満喫」し，そして恨みを持たない。つまり，彼らは許し方や忘れ方を心得ているのだ。彼らは「少しだけ謙虚で，少しだけ勇敢」なため，悪い状況からすぐに立ち直ると，Harvard 大学の心理学者 Daniel Gilbert は述べている。

[Reading 選択肢 / 日本語訳]

（1）(A) 魅力的な　(B) 難しい
(C) 必要な　(D) 伝統的な

（2）(A) それどころか　(B) それにもかかわらず
(C) その上　(D) 言い換えると

（3）著者は ＿＿＿＿ ということが暗示されている可能性がある。
(A) 決して自分の人生について不満を言わない
(B) 幸福を追い求めることなどこれまでに一度も考えていない
(C) 読者に自分が幸運であることに気づいて欲しい
(D) 自分には贅沢なものが買える余裕など決してできないであろうとはっきり理解している

（4）OECD の世論調査について言及されているものは ＿＿＿＿ である。
(A) 国民の生活の満足度で国がどのように評価されているか
(B) 世論調査がどのように実施されたのか
(C) 世界で最も幸福であると気づくのはどの国か
(D) よくない経験からすぐに立ちなおるためのアドバイス

（5）Dunn と Norton と前向き心理学運動は ＿＿＿＿ ということに最も同意しそうである。
(A) 他者のためにに物事をすることが，個人の幸福において極めて重要な要因である
(B) お金は生活の満足度にほとんど関係していない
(C) 生活のほんのささいな喜びが幸福への唯一本当の鍵である
(D) ものを買って所有すればするほど，ますます我々は幸せになる

[Listening / 解答と解説]

（1）T　（2）F　（3）T　（4）F　（5）T

（1）②「….. T.M. Luhrmann は Herald Tribune 紙の論説で，宗教に関するこの数年間で最も重要な科学的発見の 1 つは …..」より，宗教に関する研究や調査が科学的に行われていることがわかる。よって，T となる。

（2）⑥「しかし，もしあなたが無神論者で，神や他のどんな「より高次の力」を信じないとしたら，日曜日の礼拝に参加するという選択肢はない」より，信じることや教会へ行くことを示唆していないことがわかる。よって，F となる。

(3) ⑧「満足感や幸福感は全ての人の生涯において，自然に増加していく .....」と⑨「だから，我々は年を重ねるにつれてどんどん幸せになることが期待できる」より，T となる。

(4) ⑭「.....Clay Routledge によれば，懐旧することは「有効な精神剤」だという」より，死と向き合い，考えることではなく，懐旧することがよい方法であると，Dr. Clay Routledge は述べていることがわかる。よって，F となる。

(5) ⑱「過去について考えることに時間を使いすぎてしまうと，我々はどうしても『社会的に，精神的に未来への心構えをしなくなる』のである」より，懐旧に時間を費やしすぎるのは我々にとってマイナスであることがわかる。よって，T となる。

［Listening / 日本語訳］

① マスメディアはどうやったら幸せになれるかというアドバイスで満ちている。② スタンフォード大学の人類学者 T.M. Luhrmann は Herald Tribune 紙の論説で，宗教に関するこの数年間で最も重要な科学的発見の１つは，毎週礼拝に行くことは人のためになるということだ，と述べている。③ 礼拝に行くことで免疫系を高め，血圧を下げ，寿命を２・３年長くする。④ その理由は，宗教的もしくは精神的というよりもむしろ社会的なものである。⑤ 定期的に礼拝に行くことで，あなたは結束の固い支援グループを得るが，それは，あなたが援助や励ましを必要とするときに，あなたの味方になってくれる人たちなのだ。⑥ しかし，もしあなたが無神論者で，神や他のどんな「より高次の力」を信じないとしたら，日曜日の礼拝に参加するという選択肢はない。⑦ だが，（それは）老いることを選択したこととなり，雑誌『Psychological Science』で発表された研究でもそう述べている。⑧ 満足感や幸福感は全ての人の生涯において，自然に増加していくことが，研究者らによって明らかにされている。⑨ だから，我々は年を重ねるにつれてどんどん幸せになることが期待できる。⑩ しかし，待って欲しい。 我々が年を重ねれば重ねるほど死に近くなり，このことは全く幸せな考えではない。⑪ それでは，我々は何をすればいいのだろうか。⑫ おそらく，別の方法に目を向けるべきだ。⑬ 最近の BBC の報道によれば，過去を回想することは元気を出す良い方法だという。⑭ 北ダコタ州立大学の心理学教授 Clay Routledge によれば，懐旧することは「有効な精神剤」だという。⑮ 過去を思い出すことは気分を改善し，自尊心を高め，社会的関係を強くする。⑯「そして，懐旧することは過去の経験を利用して，自分の人生は価値があり、自分は幸せで、人生は目的感や意義のあるものだということを再認識するための方法である」と，Routledge 博士は BBC に話した。⑰ しかし，限界はある，と Routledge 博士は警告する。⑱ 過去について考えることに時間を使いすぎてしまうと，我々はどうしても「社会的に，精神的に未来への心構えをしなくなる」のである。

(1) 近年，科学は宗教を研究し，調査していると，T.M. Luhrmann は示唆している。
(2) 神や「より高次の力」を信じない無神論者は，信じることから始め，定期的に教会へ行くことから始めるべきだと，T.M. Luhrmann は示唆している。
(3) より年を重ねるにつれて，人々は自然により満足するようになるように思える。
(4) 死に正面から向かい合うことや死について真剣に考えることは自尊心を高め，人生に意味を与えてくれるよい方法であると，Dr. Clay Routledge は述べている。
(5) あまりに懐旧的すぎたり，思い出にふけりすぎることは，我々にとって好ましくない。

語彙リスト ------- Reading

[1]

- □ face （動）向き合う
- □ developed nations （熟）先進国
- □ the fact that S V （熟）S が V するという事実
- □ pursue （動）追い求める
- □ happiness （名）幸福
- □ health （名）健康
- □ longevity （名）寿命，長寿
- □ luxury （名）贅沢さ
- □ relatively speaking （熟）相対的に言えば
- □ complain （動）不満を言う

[2]

- □ concept （名）概念
- □ pin down （熟）はっきりと説明する
- □ philosopher（名）哲学者
- □ live a ... life（熟）…な生活を送る
- □ i.e. （熟）《略語》すなわち
- □ moral （形）道徳的な，品行方正な
- □ economist （名）経済学者
- □ assert （動）強く主張する
- □ depend on ～ （熟）～次第である
- □ income level （熟）収入水準
- □ psychologist （名）心理学者
- □ define A as B （熟）A を B と定義する
- □ healthy mind （熟）健全な心
- □ spiritual leader （熟）宗教指導者
- □ inner （形）内側の，心の内の
- □ mental （形）心の
- □ emotional （形）感情の
- □ state （名）状態
- □ well-being （名）幸福
- □ characterize （動）特徴づける
- □ pleasant （形）感じのよい
- □ range from A to B （熟）A から B に及ぶ
- □ contentment （名）満足
- □ intense （形）強烈な
- □ joy （名）喜び

[3]

- □ annual （形）年 1 回の
- □ poll （名）世論調査
- □ rate （動）評価する
- □ according to ～ （熟）～に従って
- □ satisfaction（名）満足
- □ several （形）いくつかの
- □ criteria （名）基準（criterion）の複数形
- □ employment （名）仕事
- □ life expectancy （熟）平均余命
- □ it is ～ that ... （熟）…なのは～だ
- □ personal （形）個人の
- □ economic （形）経済的な
- □ prosperity （名）繁栄
- □ appear to be ～ （熟）～のように思える
- □ factor （名）要因
- □ overall （形）全部の
- □ in other words （熟）言い換えると
- □ after all （熟）結局
- □ not A but B（熟）A ではなく B
- □ matter （動）重要である
- □ experience（名）経験
- □ material thing （熟）物
- □ recently （副）つい最近
- □ be connected to ～ （熟）～につながっている
- □ one's sense of sel （熟）自己意識
- □ add （動）加える
- □ perquisite （名）特典
- □ provide （動）供給する
- □ sum up （熟）要約する
- □ tersely （副）簡潔に
- □ materialism（名）物質主義
- □ toxic （形）有毒な

[4]

- □ burgeoning （形）急成長する
- □ movement （名）運動
- □ research findings （熟）研究結果
- □ handy （形）便利な
- □ engage in ～ （熟）～に従事する
- □ absorbing （形）夢中にさせる
- □ activity （名）活動
- □ signature （形）特徴的な
- □ strength （名）強さ
- □ lose track of ～ （熟）～を忘れる
- □ in the here and now （熟）今この場で
- □ compete with ～ （熟）～と競争する
- □ keep up with the Joneses （熟）周囲の人に遅れずについていく
- □ practice （動）実行する
- □ altruism （名）利他的行為
- □ instead （副）その代わりに
- □ gratitude （名）感謝
- □ savor （動）満喫する
- □ grudge （名）恨み
- □ forgive （動）許す
- □ recover （動）回復する
- □ a bit （熟）少し
- □ humble （形）謙虚な
- □ brave （形）勇敢な

語彙リスト ------- Listening

- □ be gull of ～ （熟）～でいっぱいだ
- □ anthropologist （名）人類学者
- □ editorial （形）編集者の，社説の （名）社説，論説
- □ discovery （名）発見
- □ religion （名）宗教
- □ boost （動）高める
- □ immune system （熟）免疫系
- □ blood pressure （熟）血圧
- □ longevity （名）寿命
- □ not so much A as B （熟）A というよりもむしろ B
- □ religious （形）宗教的な
- □ spiritual （形）精神的な
- □ social （形）社会的な
- □ close-knit （形）しっかりと結びついた
- □ support group （熟）支援グループ
- □ look out for ～ （熟）味方になる
- □ encouragement （名）激励
- □ atheist （名）無神論者
- □ church service （熟）礼拝
- □ option （名）選択肢
- □ journal （名）雑誌
- □ contentment （名）満足すること
- □ lifetime （名）生涯
- □ look forward to Ving （熟）V するのを楽しみに待つ
- □ not ... at all （熟）全く…ない
- □ reminisce （動）回想する
- □ cheer up （熟）元気づく
- □ psychology （名）心理学
- □ nostalgia （名）懐旧
- □ psychological medicine （熟）精神剤
- □ mood （名）気分
- □ self-esteem （名）自尊心
- □ strengthen （動）強くする
- □ social relation （熟）社会的関係
- □ tap into ～ （熟）～を利用する
- □ remind （動）思い出させる
- □ worthwhile （形）価値のある
- □ purpose （名）目的
- □ meaning （名）意味
- □ warn （動）警告する
- □ simply （副）《否定語とセットで》どうしても
- □ be prepared for ～ （熟）～の用意のできた

◉プロフィール

大岩秀樹（Oiwa Hideki）

東進ハイスクール・東進衛星予備校講師。大学受験の勉強を始めた頃は英語を大の苦手としていたが，進学が決まった3日後には塾の教壇に立ち，英語の指導を始められるほどに成長。その後，23歳で衛星放送を通じて発信される授業の担当講師に大抜擢され，現在は中学生～大学生を対象とする数多くの講座を担当。そのわかりやすく，ていねいな授業は幅広い層から支持されている。著書は「大岩のいちばんはじめの英文法　超基礎文法編」（東進ブックス）など多数。

有名一流講師による7日間英語力養成プログラム

大岩秀樹のリーディング&リスニング [1-545]

第1刷　2016年8月7日

著　者　大岩　秀樹

発行者　南雲一範　Kazunori Nagumo
発行所　株式会社　南雲堂
〒162-0801　東京都新宿区山吹町361
NAN'UN-DO Publishing Co., Ltd.
361 Yamabuki-cho, Shinjuku-ku, Tokyo 162-0801, Japan
振替口座：00160-0-46863
TEL: 03-3268-2311（代表）／ FAX: 03-3269-2486

編集者　加藤　敦
組　版　Office haru
装　丁　奥定　泰之
写　真　松蔭　浩之
検　印　省　略
コード　ISBN978-4-523-26545-0　C7082

Printed in Japan

落丁・乱丁，その他不良品がございましたら，お取り替えいたします。

E-mail nanundo@post.email.ne.jp
URL http://www.nanun-do.co.jp/